U0812230

高职高专“十三五”规划教材

物流技术

主　编　张　欢
副主编　赵开敏
主　审　周　东

北京航空航天大学出版社

内 容 简 介

本书介绍了现代物流的相关概念及物流系统，并以此为基础和出发点，形成了7个不同的任务模块，包括在现代物流活动中的运输、仓储与配送、包装、装卸搬运、物流信息处理及物流决策中常用的物流技术与装备、物流方法等。每个任务模块都从基本概念入手，分别从软、硬件展开介绍，并结合前沿案例和动态资讯加以讨论。全书深入浅出，使物流从业人员能快速了解现代物流中各种技术装备与方法的特点和运用技巧。

本书可以作为物流管理（物流工程）、交通运输、电子商务、市场营销等领域的教学用书，也可以供企业的物流管理人员、技术人员使用或参考。

图书在版编目(CIP)数据

物流技术 / 张欢主编. -- 北京 : 北京航空航天大学出版社, 2016.7

ISBN 978-7-5124-2130-1

Ⅰ. ①物… Ⅱ. ①张… Ⅲ. ①物流—技术 Ⅳ. ①F252

中国版本图书馆 CIP 数据核字(2016)第 121689 号

物 流 技 术

主　编　张　欢

副主编　赵开敏

主　审　周　东

责任编辑　周华玲

*

北京航空航天大学出版社出版发行

北京市海淀区学院路 37 号(邮编 100191)　http://www.buaapress.com.cn

发行部电话:(010)82317024　传真:(010)82328026

读者信箱: goodtextbook@126.com　邮购电话:(010)82316936

北京兴华昌盛印刷有限公司印装　各地书店经销

*

开本:787×1 092　1/16　印张:7.5　字数:192 千字

2016 年 7 月第 1 版　2016 年 7 月第 1 次印刷　印数:2 000 册

ISBN 978-7-5124-2130-1　定价:19.00 元

前　言

随着现代物流和商务活动的相互推进发展，物流业已经成为国民经济中一个重要的新兴产业。在我国，物流的地位、功能都发生了深刻的变化，许多企业把物流作为提高市场竞争力的重要手段，但与此不相适应的是，我国的物流教育相对滞后，以致现代物流综合型人才严重匮乏。21 世纪的物流管理是一体化的物流管理，也是现代企业竞争优势的所在。

作为一种先进有效的组织形式和管理技术，物流产业的规范化和标准化越来越被政府和企业所重视，许多学者积极介入该领域，进行了相关的研究，并取得了丰硕的成果。

本书在借鉴和吸收国内外物流管理的基本理论和最新研究成果的基础上，密切结合我国物流业设施、技术和装备的发展及教学的实际，介绍物流和物流技术的基本概念；结合当前物流业的最新实践，对现代物流中所涉及的基础技术和信息技术进行了系统的阐述。

书中选用了近年来国内外物流管理领域中的最新技术和研究成果，理论性、实践性和适用性较强，相信它不仅能推动我国高等职业院校物流管理专业的教材建设，而且能够较好地满足当前企业物流管理人员的实践需要。

本书包括 7 个任务，任务 1 介绍物流和物流技术的基本理论和分类；任务 2 至任务 6，分别介绍物流的实体功能，如运输、配送等环节中所需的核心物流设施和技术装备；任务 7 介绍有关物流决策的方法和技术。本书注重实践性、应用性，采取理论和实践相结合的方式进行阐述，简明实用，每个任务均有引导案例和任务小结，内容深入浅出，可作为各类物流、交通运输、运输管理、电子商务、市场营销的“物流管理”、“物流工程”方向课程的教学用书，也可作为仓储、流通管理从业人员的职业培训用书和岗位培训参考用书。

本书由 5 位同志参与编写，分别是周东（主审）、张欢（任务 2、任务 3）、秦佳（任务 1、任务 7）、赵开敏（任务 4、任务 5）、张启芳（任务 6），全书由张欢统稿。

本书在编写中参考了国内外大量的文献资料，引用了一些专家学者的研究成果，在此对这些文献的作者表示诚挚的谢意。由于我国物流技术正处于阶段性的变革发展阶段，一些理论和实际操作还正在探索之中，加上本书编写时间紧迫及作者认识的局限性和研究有待进一步深入，难免存在一些不足之处，我们衷心希望读者予以指正，以利于我们水平的提高和共同促进现代物流管理研究的发展。

编　者

2015 年 12 月

目　　录

任务 1　物流技术导论 …… 1

1.1　物流的认识 …… 1

1.1.1　物流的概念 …… 1

1.1.2　物流理论 …… 3

1.1.3　物流管理的发展 …… 5

1.2　物流技术认知 …… 6

1.2.1　物流技术概述 …… 7

1.2.2　物流技术的分类 …… 7

1.2.3　物流信息技术的应用 …… 9

任务 2　运输技术与设备 …… 12

2.1　物流运输基础知识 …… 12

2.1.1　物流运输概述 …… 12

2.1.2　物流运输的职能及原则 …… 14

2.2　物流运输设备 …… 15

2.2.1　物流运输设备的认识 …… 15

2.2.2　物流运输设备的种类及选择 …… 15

2.2.3　物流运输线路 …… 20

2.2.4　物流运输结点 …… 20

任务 3　仓储配送技术与设备 …… 22

3.1　仓储与配送概述 …… 22

3.1.1　仓储管理基础知识 …… 22

3.1.2　配送管理基础知识 …… 25

3.2　仓储管理技术与设备 …… 26

3.2.1　货　架 …… 26

3.2.2　自动化立体仓库 …… 28

3.3　配送技术与设备 …… 29

3.3.1　配送技术及其应用概述 …… 29

3.3.2　配送管理技术的分类 …… 31

3.3.3　分拣技术及设备 …… 33

任务 4　包装与流通加工技术 …… 39

4.1　物流包装 …… 39

4.1.1 包装的基础知识 …… 39
4.1.2 包装技术 …… 43
4.2 流通加工技术 …… 47
4.2.1 流通加工的基础知识 …… 47
4.2.2 流通加工的合理化管理 …… 50
任务5 装卸搬运技术与装备 …… 53
5.1 装卸搬运的基础知识 …… 53
5.1.1 装卸搬运的概念 …… 53
5.1.2 装卸搬运在物流中的地位 …… 54
5.1.3 装卸搬运技术 …… 54
5.2 装卸搬运的设施与装备 …… 55
5.2.1 装卸搬运的分类 …… 55
5.2.2 装卸搬运设备的分类 …… 58
5.2.3 装卸搬运运作的种类 …… 60
5.3 装卸搬运的合理应用 …… 61
5.3.1 装卸搬运原则 …… 61
5.3.2 装卸搬运的作业应用 …… 62
任务6 物流信息技术 …… 69
6.1 物流信息系统 …… 69
6.1.1 物流信息系统的基础知识 …… 69
6.1.2 中国物流信息化发展现状 …… 72
6.1.3 物流信息系统的开发 …… 74
6.2 物流信息技术 …… 77
6.2.1 物流信息技术的基础知识 …… 77
6.2.2 计算机网络技术 …… 79
6.2.3 自动识别与采集技术 …… 81
6.2.4 GIS与GPS …… 87
任务7 物流决策技术 …… 92
7.1 物流决策技术概述 …… 92
7.1.1 决策的概念、特征及原则 …… 92
7.1.2 决策的过程 …… 93
7.1.3 决策的分类 …… 94
7.1.4 物流管理决策 …… 97
7.2 物流筹资、投资决策技术 …… 98
7.2.1 单利和复利 …… 99
7.2.2 筹资方案的决策 …… 101

7.2.3　投资方案的决策 …… 102
7.3　物流经营决策技术 …… 104
7.3.1　本量利分析法概述 …… 104
7.3.2　量本利分析法的决策 …… 106
7.3.3　企业物流绩效评价的概念及步骤 …… 107
7.3.4　企业物流绩效评价的指标内容 …… 108
参考文献 …… 111

任务1　物流技术导论

【引导案例】

战争中的物流

第二次世界大战使物流思想得以形成和应用，英国于1939年9月3日对德国宣战之后，在大规模的战争即将来临之前，就着手进行后勤准备。自1939年9月15日起，英国从美国、加拿大等国购买的作战物资和生活日用品要通过大西洋航线运到英国本土。面对德军的海上封锁，英国皇家海军动用了3万吨战列舰“皇家橡树”号和航空母舰“皇家方舟”号日夜在大西洋航线上巡逻，以保证这条补给线的畅通。但后来德军将这两艘战舰击沉，使得英军的后勤补给在战争初期即遭到重大打击，英德两国的战争也随之围绕后勤补给的保卫与攻击展开。后来在盟国的帮助下，英国保卫了大西洋航线，最终赢得了反法西斯战争的胜利。这实际上就是物流的胜利。

思考题：物流是什么？物流技术在物流运作中起什么作用？

1.1　物流的认识

物流是当今最有影响的新兴学科，它以物体的动态流转过程为主要研究对象，揭示了商务交易中商品实体活动（运输、储存、包装、装卸搬运、流通加工、物流信息等）间的内在联系，使之在经济活动中的潜隐作用显现出来，成为独立的研究领域和科学范畴。对其进行研究，可以更好地在社会经济活动中实现商品的经济价值和社会价值，充分体现物品实体在流通过程中的时间效益和空间效益。因此，物流学的产生与应用给整个国民经济和企业生产经营带来了巨大的经济效益，同时也对传统的商业模式发出了挑战，从而引起政界、学术界、企业界的高度重视，并得到了迅速的发展和普及。

1.1.1　物流的概念

1. 物流的定义

物流的发展由来已久，随着人类社会活动历史中商品交换的出现，便有了最初的物流活动。物流的概念也在发展中逐渐形成。早在1915年，美国的市场营销学者阿奇·萧在《市场流通中的若干问题》一书中就提到物流一词，并指出“物流是与创造需求不同的一个问题”。在20世纪初，西方一些国家已出现因生产大量过剩、需求严重不足导致的经济危机，企业由此提出了销售和物流的问题，此时的物流指的是销售过程中的物流。

1935 年，美国销售协会阐述了实物分配(Physical Distribution，PD)的概念："实物分配是包含于销售之中的物质资料和服务在从生产场所到消费场所的流动过程中所伴随的种种经济活动。"这时的物流指的是配送过程中的物流。

而在第二次世界大战期间，美国军事部门所发展的"后勤管理"(Logistics Management)方法，对军需物资的补给进行统筹安排和全面的管理，取得了显著的效果。战后此方法被引入到经济部门，在生产流通领域全过程中广泛应用，使得物流不再单纯是物品的配送，而是更加全面地参与到产品生产制造全过程，如运输、保管、信息处理等环节中，在生产到消费的产品流通过程中全面、综合地提高经济效益和效率。

近几十年来，物流的概念在不断更新，物流的定义也充分反映了人们对物流本质的认识，从而衍生出对物流不同的理解。

定义一：美国对物流的定义。2003 年美国物流管理协会(the Council of Logistics Management，CLM)对物流定义如下：

物流管理是供应链管理的一部分，是对货物、服务及相关信息从起源地到消费地的有效率、有效益的正向及反向流动和储存进行的计划、执行和控制，以满足顾客的要求。

定义二：日本对物流的定义。1981 年日本综合研究所编写的《物流手册》一书中写道："物流是物质资料从供给者向需要者的物理性移动，是创造时间性、场所性价值的经济活动，从物流的范围来看，包括包装、装卸、保管、库存管理、流通加工、运输、配送等诸种活动。如果不经过这些过程，物就不能移动。"

定义三：我国对物流的定义。我国物流的概念起源于日本，在 20 世纪 80 年代引进物流概念，在很长一段时间并没有引起足够的重视，近几年才得到理论界和社会各方面的关注。2001 年我国国家标准(GB/T18354—2001)《物流术语》中将其定义为："物品从供应地到接收地的实体流动过程，根据实际需要，将运输、储存、装卸、搬运、包装、流通加工、配送、信息处理等基本功能实施有机结合。"

综上所述，可以看出物流是物质实体从供给者到需求者的物理性移动，它由一系列创造时间价值和空间价值的经济活动组成，将物质实体流动过程中的多项基本活动进行统一计划、协调、控制和管理。

2. 物流的功能

企业因生产经营内容及模式的不同，对物流的需求也存在一定的差异，但物流需求本身具有共同的特性，所以物流系统都应具备 7 项主要功能：运输、储存、装卸搬运、包装、流通加工、配送和信息处理。

(1) 运　输

运输的任务是对物品进行长距离的空间移动，物流部门通过运输解决物品地与需要地之间的空间距离问题，从而创造商品的空间效益，实现其使用价值，以满足社会需求。因此，运输是物流活动中最主要的功能之一。

(2) 储　存

储存在物流过程中起着缓冲、调节和平衡供需矛盾的作用，是物流的另一个主要功能。其根本目的是解决产品生产与消费在时间上的差异，通过适当的时间调整，使物品产生时间上的效益,如国库中的粮食储备、水果与蔬菜的冷藏保鲜等。

(3) 装卸搬运

装卸搬运是为了衔接运输和储存环节,将物品针对载体进行装入或卸下并进行短距离移动的过程。这一过程通常是重复性作业。合理地利用物流设备有利于提高生产效率、控制物流成本、降低物品的损耗、提高服务水平。因此,在一个完整的物流作业中,其次数的多少,劳动效率的高低,对物流成本、服务质量都有着较大的影响。

(4) 包 装

为保证产品能完好地送达到消费者手中,物品在物流操作过程中都要进行适当的包装捆扎或用容器保存。所以,包装是生产的终点,也通常是流通销售的起点。商品在生产、物流过程中,经常会为便于物流作业、促进销售业绩而采取不同的包装。

(5) 流通加工

流通加工是在流通过程中对商品进行的辅助性加工。为更好地满足用户或企业的需要,使产需双方能更好地衔接,弥补生产过程中的加工不足,便会将加工活动放在流通过程中完成。因而,流通加工是生产过程在流通过程中的延续,是流通领域提高服务水平、扩展服务职能的重要环节。

(6) 配 送

配送是流通过程中的最终资源配置,它旨在解决企业头痛的“最后一公里”问题。配送包括两个方面的活动:“配”是对货物进行集中、分拣和组配;“送”是以各种不同的方式将货物送达指定地点或用户手中。要完善物流输送及整个物流系统,提高末端物流的效益,就需科学地规划配送方案。

(7) 信息处理

通常情况下,物流信息处理主要针对物流活动中的信息进行处理,将物流系统中各要素之间的联系通过信息流来加以完成。信息处理水平的高低,最终会影响物品流通市场的反应速度及各要素之间的联系沟通程度和协调性。

1.1.2 物流理论

国外的物流理论研究起始于 20 世纪 30 年代。20 世纪 80 年代初期,国内学术界开始从不同角度对其进行研究。近几十年来,国内外学术界在物流理论与实践的分析方面主要得出以下几种物流理论学说:

1. 商物分流

商流,即商业性交易,流动的是商品所有权,通过货币来表现。物流,即物质实体的流动。在传统的商品交易过程中,商流与物流往往伴随而生。交易模式的变化,供求关系的调整,市场价格的透明化,使得传统交易中所产生的高昂流通费用无处容身。而物流科学的发展让企业在赖以存在的先决条件下不得不选择更合理的商品交易流通模式,即商物分流。所谓商物分流,是指流通中的两个组成部分,即商业流通和实物流通各自按照自己的规律和渠道独立运动，这样既能满足企业发展和物资供应，又可降低成本，提升效率。

2. 黑大陆学说

1962 年，著名管理学学者彼得·德鲁克曾经讲过："流通是经济领域里的黑暗大陆。"德鲁克的流通是泛指。但是，在流通领域中，物流活动的模糊性尤其突出，人们对流通领域更是认识不清。他将物流比作"一块未开垦的处女地"，强调应高度重视流通及流通过程中的物流管理。所以，"黑大陆"说法主要针对物流而言。

3. 物流冰山说

"物流冰山说"是日本早稻田大学西泽修教授 1970 年提出来的，他在研究物流成本时发现，现行的财务会计制度和会计核算方法都不可能掌握物流费用的实际情况，因而人们对物流费用的了解是一片空白，甚至有很大的虚假性。当人们对物流费用的总体内容并不掌握时，提起物流费用大家只会看到企业公布的财务统计数据中的物流费用，但这只能反映物流成本的一部分，其主要部分即有相当数量的物流费用是不可见的。西泽修把这种情况比做"物流冰山"，其特点是大部分沉在水面以下的是我们看不到的黑色区域，而我们看到的只不过是物流的一部分。

4. 第三利润源

"第三利润源"的说法主要出自日本。从历史发展来看，人类历史上曾经有过两个大量提供利润的领域：第一个是资源领域，第二个是人力领域。在生产力相对落后、社会产品处于供不应求的历史阶段，由于市场商品匮乏，制造企业无论生产多少产品都能销售出去，于是就大力进行设备更新改造、扩大生产能力、增加产品数量、降低生产成本，以此来创造企业剩余价值，即第一利润源。当产品充斥市场，转为供大于求，销售产生困难时，也就是第一利润达到一定极限，很难持续发展时，便采取扩大销售的办法以寻求新的利润源泉，这就是第二利润源。而当销售达到一定极限，在前两个利润源潜力越来越小，利润开拓越来越困难的情况下，物流领域的潜力被人们所重视。大家发现物流不仅可以帮助扩大销售，而且也是一个很好的新利润增长源泉，即按时间序列将其列为"第三利润源"。

5. 效益背反说和物流整体观

"效益背反说"（二律背反）：指物流系统各要素之间存在着损益矛盾，即每一个要素的优化和利益发生的同时，必然会存在另一个或另几个要素的利益损失，反之亦然。这是物流领域中经常、普遍存在的现象，也是这一领域中内部矛盾的反映和表现。例如包装问题，包装方面每少花一分钱，这一分钱就必然转到收益上来，包装方面越省，利润则越高。但是，一旦商品进入流通环节后，如果简省的包装降低了产品的防护效果，就会导致储存、装卸、运输功能等要素工作劣化和效益大减，反而造成了大量损失。

"物流整体观"（物流森林说）：物流是一片森林而非一棵棵树木。物流整体观实质上是一体化综合物流的另一种提法。在物流系统中，各物流功能之间就好像一棵棵树木，某一物流活动的成本降低、利润增加，并不一定能给企业带来更好的物流效益。只有将各功能有机结合在一起，形成一个有序运行的整体，才能使企业整体物流效益得到提高。

6. 成本中心说、利润中心说、服务中心说和战略说

“成本中心说”：物流在整个企业战略中，只对企业营销活动的成本发生影响，是企业成本的重要产生点。因而，解决物流的问题，并不完全是为要搞合理化、现代化，其主要目的在于支持保障其他活动，能为物流管理和物流的一系列活动降低成本。所以，成本中心既是指主要成本产生点，又是指降低成本的关注点。物流是“降低成本的宝库”等说法正是这种认识的形象表述。

“利润中心说”：物流可以为企业提供大量直接和间接的利润，是形成企业经营利润的主要活动。非但如此，对国民经济而言，物流也是国民经济中创利的主要活动。物流的这一作用，被表述为“第三利润源”。

“服务中心说”：代表了美国和欧洲等一些国家和地区的学者对物流的论点。这种论点认为，物流活动最大的作用并不在于为企业节约了消耗，降低了成本或增加了利润，而在于其提高了企业对用户的服务水平，进而提高了企业的竞争能力。因此，他们在使用描述物流的词汇上选择了后勤一词，特别强调其服务保障的职能。通过物流的服务保障，企业以其整体能力来压缩成本，增加利润。

“战略说”：是当前非常盛行的说法。实际上，在学术界和产业界，越来越多的人已逐渐认识到，物流更具有战略性，是企业发展的战略而不是一项具体操作性任务。应该说这种看法把物流放到了很高的位置，企业战略是什么？是生存和发展，此学说认为物流会影响企业的生存和总体发展。

1.1.3　物流管理的发展

现代经济社会生产经营方式的规模化、全球化、国际化发展，在客观上要求企业不断提升自身的竞争实力，而专业化、规模化、系统化、网络化的现代物流能力则是为其提供强有力的支持和保证。“物流”(Physical Distribution)是通过信息把运输(配送)、保管、装卸、包装、流通加工等基本活动要素集成在一起，实现物质实体从供应者向需求者转移的过程。其主要功能是消除商品生产和消费之间的空间、时间距离，创造空间和时间效用。物流是商品流通的一个侧面，与其相对应的概念是商流，二者共同构成商品流通活动。在互联网+的时代是速度经济时代，谁掌握了高效的物流，谁就掌握了市场，所以物流管理越来越被企业所重视，将其放到企业发展的战略高度来加以研究和实施。

1. 实体分销管理阶段(Physical Distribution Management，PDM)

在20世纪60年代，随着西方工业经济的复苏，物流管理意识在企业管理者中悄然形成，企业管理科学的重心开始从生产领域向非生产领域转移，PDM的概念开始形成并受到重视。1962年，美国学者道拉卡发表了一篇名为《经济的黑暗大陆》的论文。文中指出，消费者所支出的商品价格约50%是与商品流通活动相关的费用，物流领域是降低成本的最后边界。当时，物流以外的各领域的管理已经得到了明显改善，如生产领域的机械化、自动化有了很大的进展，计算机在事务处理方面得到大力的推广和应用，销售方面采用了科学的营销方法，只有物流领域成为企业管理创新和发展的新目标。因此，以降低成本、减少资金占用、缩短生产周期为主要目标的物流合理化被称作继“节约原材料”、“提高劳动生产率”之后的“第三利润源泉”和“最重要的竞争领域”,物流各功能活动的综合管理开始得到推进。其特征是,将销售领域存在的运输、保管、库存管理、配送等活动,以信息系统作为中介手段构成有机的整体,遵循二律背反原则,经济合理地配置相关资源,以达到降低成本的目的。

2. 企业集成化物流管理(Integrated Logistics Management,ILM)

在企业经济发展中,虽然PDM将存在于企业经营各个领域的运输、保管等活动在各自的领域范围内实行了一体化管理,大大增强了企业的客户导向,有效降低了企业的分销成本费用,与个别管理相比有了较大进步,但PDM只涉及产品的分销物流活动。而事实上,物流贯穿于整个企业的运作流程中,不仅包括分销物流,而且还包括采购物流和生产(服务)物流。因此,实体分销管理的思想和方法被集成起来系统地应用到原材料、零部件的购进物流活动中,即通常所谓的“采购物流管理”;系统地应用到企业生产(服务)的物流活动中,即所谓的“生产(制造)物流管理”或“服务物流管理”。从而将采购物流、生产(服务)物流和分销物流进行有效的集成,形成了企业内部的集成化物流管理,它能最大限度地降低企业内部物流的总成本,获得更大的整体效益。

如果说把单一的输送、保管等物流活动看作是点状的物流管理,那PDM就是线状的管理系统,而ILM则是由线构成的平面状管理系统。ILM将各功能价值进行有机的集合,使得企业内部从采购、生产到销售等生产经营全过程的物流活动建立在高效、合理的基础上。

3. 供应链管理(Supply Chain Management,SCM)

伴随着生产能力提高的另一面,是物质资源的过剩,消费者的消费视角不再只是商品本身的使用功能和价值,更多样化、个性化的客户需求导致市场竞争日趋激烈,如何在快速变化和激烈的市场竞争中建立良好的市场反应机制就显得尤为重要。在这一客观情况下,企业一方面需要注重利用自身的核心优势,另一方面也应充分利用信息网络技术,与供应商、分销商、客户等上下游企业构建供应链组织,通过供应链管理共同形成合作竞争的整体优势。

在供应链管理中,物流贯穿全过程。从供应商到核心企业的内部物流,再到分销商最终客户的分销物流,形成了以核心企业为集散中心的物流体系。各成员企业之间必须实现信息共享和物流活动的高度集成化,由核心企业发挥统一调度与管理的中心作用,适时地向供应商发出需求指令,向分销商发出供货指令,确保各个环节企业都能在合适的时间,得到合适的品质、合适的数量的原材料、零部件或产成品,从而最大程度上使物流通畅、高效。

1.2 物流技术认知

随着科学技术水平的提高,物流技术与设备也在不断发展。现代物流技术不仅直接影响物流需求量的满足、物流服务水平的质量及物流作业效率的提高,同时也影响现代物流成本的高低、产品市场的响应速度、生产控制的管理绩效。

1.2.1　物流技术概述

物流作为一门新兴的学科，揭示了运输、仓储、装卸搬运、包装、流通加工、信息处理和客户管理等物流活动的内在联系，使物流系统在经济活动中从潜隐状态显现出来，成为独立的研究领域和学科范围。

物流技术与现实物流活动全过程紧密相关，物流技术水平的高低直接关系到物流活动功能的完善和有效的实现。

物流技术是指人们在进行物流活动中所使用的各种物质手段、作业程序、实践经验和工作方法等，包括在运输、装卸、储存、运输加工等物流活动中所使用的工具和其他物资设备，以及由科学知识和实践经验总结而成的各种方法技能和作业程序等。

现代物流技术可以理解为包含运输、仓储、包装、装卸搬运、流通加工和配送等诸多功能要素的综合服务技术。物流技术范畴已从流通领域延伸到了生产领域，甚至在工程管理、设备维护等诸多方面都得到广泛应用。

因此，物流技术(Logistics Technology)是指物流活动中所采用的自然科学与社会科学方面的理论、方法，以及设施、设备装置与工艺的总称。

但物流技术不是一种独立的新技术，而是各种技术在物流领域中的综合运用。从某种意义上讲，它既是一种应用技术，同时也具有开发技术的性质。

1.2.2　物流技术的分类

物流技术是指流通技术或物资输送(含停止)技术。它和生产技术不同，生产技术是生产某种产品，为社会提供有形物质的技术；而物流技术是把生产出的物资进行移送、储存，为社会提供无形服务的技术。也就是说，物流技术的作用是把各种物资从生产者一方转移给消费者。根据不同的分类标准，物流技术可以分为以下几种：

1. 依据技术体现形态分

物流技术按其体现形态来分可分为硬技术和软技术两个方面。

物流硬技术指人们在物流活动中所使用的各种工具、设备、设施和其他物质手段等。它包括组织物资实物流动所涉及的各种机械设备、运输工具、站场设施及服务于物流的电子计算机、通信网络设备等方面的技术。

物流软技术指在物流活动中所采用的由科学知识和劳动经验发展而成的各种技能、作业程序和现代管理方法等，通常指组成高效率的物流系统而使用的系统工程技术、价值工程技术、配送技术等。

物流技术形态的分类情况见表1-1：

2. 依据技术门类分

物流技术在物流服务过程中为能更好地提供科学便捷的物流操作方法，实现高质量的物流服务水平，往往涉及多门类的技术手段。技术门类可分为物流机械技术、物流电子技术、物流信息技术、物流自控技术、物流计算机技术、数学方法等。

表1-1　物流技术形态的分类

硬技术	软技术
材料:集装材料、包装材料等	计划:对流通形态与硬技术进行规划研究与改进的工作
机械:装卸机械、包装机械、运输机械等	运用:对运输工具的选择使用、装卸方法、库存管理、劳务管理
设施:仓库、车站、港口、机场等	评价:成本计算等

3. 依据技术的应用范围分

商品交易过程中,如运输、仓储、包装、流通加工、配送、装卸搬运等物流活动无处不在,因此,物流技术贯穿于整个物流过程中。在不同环节的应用中,物流技术可分为运输技术、仓储技术、装卸搬运技术、包装技术、物流信息技术等。

(1) 运输技术

当前,运输工具朝着多样化、高速化、大型化和专用化方向发展,对节能环保要求严格,铁路运输开始着重发展重载、高速、大密度行车技术,一些和企业生产关系密切的载重汽车其发展方向也是大型化、专用化。同时,为了卸货和装货方便,已有低货台汽车以及带有各种附带装卸装置的货车,另外还有大型超声速飞机、大型油轮等。运输工具的优化和发展,更大程度上发展了运输技术,使运输技术在硬件上得到了支持和保证。

(2) 仓储技术

仓储是由单纯保管、存储发展而成的对物流的调节、缓冲。现代化仓库已成为促进各物流环节平衡运转的物流集散中心。作为物流中心,大量物资要在这里分类、拣选、配送,因此,高速自动分拣系统也随之得到了发展,这使得仓储不再仅仅是存储商品,而是为企业生产、商品流通提供降低成本、提高服务水平的有效途径。

(3) 装卸搬运技术

装卸连接保管与运输,具有劳动密集型、作业发生次数多的特点。因此,推行机械化以减轻繁重的体力劳动非常必要。由于装卸作业的复杂性,装卸技术和相应的设备也呈现出多样化的特点,使用最为普遍的是各式各样的叉车、吊车(包括行吊、汽车吊等)以及散料装卸机械等。

(4) 包装技术

包装技术是指使用包装设备并运用一定的包装方法,将包装材料附着于物流对象上,使其更便于物流作业。对其研究主要包括包装设备、包装方法和包装材料三部分。

(5) 物流信息技术

物流信息技术是物流现代化的重要标志。计算机网络技术的应用使物流信息技术达到了新的水平。物流信息技术也是物流技术中发展最快的领域,从数据采集的条形码系统、仓储管理系统,到办公自动化系统中的计算机技术,各种终端设备等硬件、软件等都在日新月异地发展并得到了广泛应用。

1.2.3 物流信息技术的应用

在商品流通过程中，一次完整的商务交易过程包括由生产厂家将产品生产出来，通过运输、仓储、加工、配送到用户、消费者的物流全过程。其中分为以下几个方面：首先，生产厂家将生产的单个产品进行包装，并且将多个产品集中在大的包装箱内；然后，经过运输、批发等环节，在这一环节中通常需要更大的包装；最后，产品通过零售环节流通到消费者手中，产品通常在这一环节中再还原为单个产品。在这个过程中物流技术全方位参与其中，除前面所介绍的各物流环节对应的相关物流技术之外，物流信息技术在此过程中的具体应用也是非常广泛的。

贸易过程中的商品从厂家到最终用户，物流过程是客观存在的。每一笔商业交易的背后都伴随着物流和信息流，供应链上的贸易伙伴都需要这些信息以便对产品进行发送、跟踪、分拣、接收、存储、提货以及包装等。在电子商务时代，物流与信息流的相互配合体现得越来越重要，在物流过程中必然要用到越来越多的现代物流技术，如流通加工技术、物品包装技术、物品标识技术、物品实时跟踪技术等，此外，还包括物流规划、物流评价、物流设计、物流策略等。随着计算机网络技术的应用普及，物流技术中综合了许多现代技术，如 GIS(Geographic Information System，地理信息系统)、GPS(Global Positioning System，全球卫星定位系统)、EDI(Electronic Data Interchange，电子数据交换)、BC(BarCode，条形码技术)、RF(Radio Frequency，射频技术)等。

1. GIS 技术及应用

GIS 技术是多种学科交叉的产物，它以地理空间数据为基础，采用地理模型分析方法，适时地提供多种空间的和动态的地理信息，是一种为地理研究和地理决策服务的计算机技术系统。

2. GPS 技术及应用

GPS 具有在海、陆、空进行全方位实施三维导航与定位的能力。

全球卫星定位系统首先是为军事目的而建立的，在军事物流中，如后勤装备保障等方面，应用相当普遍，尤其是美国，其在世界各地驻扎的大量军队无论是在战时还是在平时都对后勤补给有着较高的需求，在战争中，如果不依赖 GPS，美军的后勤补给就会变得一团糟。美军在 20 世纪末的地区冲突中依靠 GPS 和其他顶尖技术，以强有力的、可见的后勤保障，为“保卫美国的利益”做出了贡献。

综上所述，物流技术除包括物流过程参与中的物流设施、设备等硬技术外，其信息管理等软技术也是使物流过程执行更加科学、高效的不二法宝。

3. EDI 技术及应用

EDI 是指按照统一规定的一套通用标准格式，将标准的经济信息通过通信网络传输，在贸易伙伴的电子计算机系统之间进行数据交换和自动处理，俗称“无纸贸易”。以往世界每年花在制作文件上的费用达 3 000 亿美元，所以“无纸化贸易”被誉为一场“结构性的商业革命”。

EDI 是一种信息管理或处理的有效手段，它是对供应链上的信息流进行运作的有效方法。EDI 的目的是充分利用现有计算机及通信网络资源，提高贸易伙伴间通信的效益，降低成本。EDI 主要应用于以下企业：

① 制造业：JIT(Just In Time，即时响应)，减少库存量及生产线待料时间，降低生产成本。

② 贸易运输业：快速通关报检，经济地使用运输资源，降低贸易运输空间和成本，节省时间。

③ 流通业：QR 快速反应，减少商场库存量与空架率，以加速商品资金周转，降低成本。建立物资配送体系，以完成产、存、运、销一体化的供应线管理。

④ 金融业：EFT(Exchange Trad Fund，电子转账支付)，减少金融单位与其用户间交通往返的时间与现金流动风险，并缩短资金流动所需的处理时间，提高用户资金调度的弹性。在跨行服务方面，更可使用户享受到不同金融单位所提供的服务，以提高金融业的服务品质并扩展业务范围。

EDI 应用获益最大的是零售业、制造业和配送业。在这些行业中的供应链上应用 EDI 技术，使传输发票、订单过程效率有了很大的提高，而这些业务代表了他们的核心业务活动——采购和销售。EDI 在密切贸易伙伴关系方面有潜在的优势。

4. 条形码技术及应用

条形码技术是在计算机的应用实践中产生和发展起来的一种自动识别技术。它是为实现对信息的自动扫描而设计的，是实现快速、准确而可靠地采集数据的有效手段。条形码技术的应用解决了数据录入和数据采集的“瓶颈”问题，为供应链管理提供了有力的技术支持。

条形码技术为我们提供了一种对物流中的物品进行标识和描述的方法，借助自动识别技术、POS(Point Of Sale)系统、EDI 等现代技术手段，企业可以随时了解有关产品在供应链上的位置，并即时做出反应。当今在欧美等发达国家兴起的 ECR(Efficient Consumer Response，有效客户反应)、QR(Quick Response，快速反应)、自动连续补货(ACEP)等供应链管理策略，都离不开条形码技术的应用。条形码是实现 POS 系统、EDI、电子商务、供应链管理的技术基础，是物流管理现代化、提高企业管理水平和竞争能力的重要技术手段。

物流条形码是条形码中的一个重要组成部分，它不仅在国际范围内提供了一套可靠的代码标识体系，而且为贸易环节提供了通用语言，为 EDI 和电子商务奠定了基础。因此，物流条形码标准化在推动各行业信息化、现代化建设进程和供应链管理的过程中将起到不可估量的作用。

5. 射频技术及应用

射频(Radio Frequency，RF)技术的基本原理是电磁理论。射频系统的优点是不局限于视线，识别距离比光学系统远，射频识别卡具有读写能力，可携带大量数据，难以伪造，且有智能识别等功能，对物流活动效率的提高起到巨大的作用。

RF 技术适用于物料跟踪、运载工具和货架识别等要求非接触数据采集和交换的场合，由于 RF 技术在各行业所显现出的高适用性，使其应用进一步扩大。在我国 RF 技术的应用也已经开始，一些高速公路的收费站口使用 RF 技术可以不停车收费，我国铁路系统使用 RF 技术记录货车车厢编号的试点已运行了一段时间，一些物流公司也正在准备将RF技术用于物流管理中。

【项目延展】

作为美国乃至全球最大的连锁零售企业——沃尔玛，在全美有25个规模很大的配送中心，一个配送中心要为100多家零售店服务，日处理量约为20多万个纸箱。每个配送中心分三个区域：收货区、拣货区、发货区。在收货区，一般用叉车卸货。先把货堆放到暂存区，工人用手持式扫描器分别识别运单上和货物上的条形码，确认匹配无误才能进一步处理，有的要入库，有的则要直接送到发货区。直接送到发货区的称作直通作业，以节省时间和空间。在拣货区，夜班工作人员通过计算机打印出隔天需要向零售店发运的纸箱的条形码标签。白天，拣货员拿一叠标签打开一只只空箱，在空箱上贴上条形码标签，然后用手持式扫描器识读。根据标签上的信息，计算机随即发出拣货指令。在货架的每个货位上都有指示灯，灯亮时即表示此货位需要拣货，同时清楚地显示出拣货的数量。当拣货员完成该货位的拣货作业后，按一下"完成"按钮，计算机就可以更新其数据库。装满货品的纸箱经封箱后运送到自动分拣机，在全方位扫描器识别纸箱上的条形码后，计算机指令拨叉机构把纸箱拨入相应的装车线，以便集中装车运往指定的零售店。这样快速有效的拣选作业，最大限度地保证了沃尔玛在物流配送中的优势，从而使其在零售行业中独占鳌头。

在国内，条形码在加工制造和仓储配送中的应用也已有了良好的开端。红河烟厂就是一例。成箱的纸烟从生产线下来，汇总到一条运输线上。在送往仓库之前，先要用扫描器识别其条形码，登记完成生产的情况，纸箱随即进入仓库，运送到自动分拣机。另一台扫描器识读纸箱上的条形码。如果这种品牌的烟正要发运，则该纸箱被拨入相应的装车线。如果需要入库，则由第三台扫描器识别其品牌，然后拨入相应的自动码托盘机，码成整托盘后送达运输机系统入库储存。条形码的功能在于其极大地提高了成品流通的效率，以及库存管理的及时性和准确性。

【任务小结】

本项目介绍了物流的概念及其发展现状，描述了几个有代表性的物流理论，对物流技术的概念进行了解释。相对单一的科学技术而言，物流技术是多门类的综合学科，根据不同的分类，物流技术的应用领域也各不相同，所起的作用也存在差异。同时，针对物流过程中所涉及的技术特点和内容进行了介绍，对各种技术内容及物流技术在生活、工作、企业发展过程中的应用进行了阐述。纵观国内外物流技术，发达国家的物流设备和技术相对先进智能一些，我国的物流技术则相对落后，但我国在物流装备、制造技术上某些方面已经达到了国际先进水平。

任务2　运输技术与设备

【引导案例】

蒙牛乳业的配送运输

物流运输是乳品企业必须面对的一项重大挑战。蒙牛乳业目前的触角已经伸向全国各个角落，其产品远销到香港、澳门，甚至还出口东南亚。蒙牛是如何突破配送的瓶颈，把产自大草原的奶送到更广阔的市场呢？另外，巴氏奶和酸奶的货架期非常短，巴氏奶仅10天，酸奶也不过21天左右，而且对冷链的要求最高。从牛奶挤出运送到车间加工，直至运到市场销售，巴氏奶的全过程贮存环境都必须保持在0～4℃，酸奶则必须保持在2～6℃之间。这都对运输的时间控制和温度控制提出了更高的要求。为了能在最短的时间内、有效的存储条件下，以最低的成本将牛奶送到商超的货架上，蒙牛采取了以下措施：缩短运输半径，合理地选择运输方式，全程冷链保障。因此，有效合理的运输技术对货物价值的保值以及增值，在现代流通环境下，显得尤其重要。

2.1　物流运输基础知识

2.1.1　物流运输概述

1. 运输的概念

运输是人和物的载运及输送。本书中专指"物"的载运及输送。它是在不同地域范围间（如两个国家、两个城市之间，或一个大企业内相距较远的两个车间之间），以改变"物"的空间位置为目的的活动，对"物"进行空间位移。和搬运的区别在于，运输是较大范围的活动，而搬运是在同一地域之内的活动。

2. 运输的地位

① 运输是物流的主要功能要素之一。在现代物流中，运输承担了改变空间状态的主要任务，再配以搬运、配送等活动，就能圆满完成改变空间状态的全部任务。

② 运输是社会物质生产的必要条件之一。运输是国民经济的基础和先行。马克思将运输称为"第四个物质生产部门"，是将运输看成是生产过程的继续，这个继续虽然以生产过程为前提，但如果没有这个继续，生产过程则不能完成，产品的价值将无法体现。所以，虽然运输不创造新的物质产品，不增加社会产品数量，不赋予产品以新的使用价值，而只变动其所在的空

间位置，但就是这一变动则能使生产继续下去，使社会再生产不断推进，所以马克思将其称之为物质生产部门。

运输作为社会物质生产的必要条件，表现在以下几方面：

① 在生产过程中，运输是生产的直接组成部分，没有运输，生产内部的各环节就无法连接。

② 在社会上，运输是生产过程的继续，这一活动连接生产与再生产、生产与消费的环节，连接国民经济各部门、各企业，连接着城乡，连接着不同国家和地区。

③ 运输可以创造"空间效用"。空间效用的含义是：同种"物"由于空间场所不同，其使用价值的实现程度则不同，其效益的实现也不同。由于改变场所而最大限度地发挥了"物"的使用价值，最大限度地提高了产出投入比，这就称为"空间效用"。通过运输，将"物"运到场所效用最高的地方，实现资源的最优化配置。

④ 运输是"第三利润源"的主要来源。运输成本在全部物流成本中占的比例最高，一般综合分析计算社会物流费用，运输成本接近60%，有些产品的运费甚至高于产品的生产费。所以节约运输成本可以有效降低物流成本。通过体制改革和运输合理化可大大缩短运输公里数，从而从根本上节省成本。

3. 运输方式的分类

(1) 公路运输

主要使用载货汽车，也使用其他车辆(如人、畜力车)通过公路进行货物运输。公路运输主要承担近距离、小批量的货运。由于公路运输有很强的灵活性，近年来，在有铁路、水运的地区，较长途的大批量运输也开始使用公路运输。

公路运输的主要优点是灵活性强，公路建设期短，投资较低，易于因地制宜，对收、到站的设施要求不高，可以采取"门到门"的运输形式，即从发货人仓库(或工厂)直接运送到收货人仓库(或工厂)，而不需转运或反复装卸搬运。公路运输也可作为其他运输方式的衔接手段。

(2) 铁路运输

主要使用铁路列车运送客货。铁路运输主要承担长距离、大批量的货运，铁路运输成为我国尤其是内陆地区的主力运输形式。

铁路运输的主要优点是速度快，载运量大，运输成本较低。但其灵活性差，只能在固定线路上实现运输，需要与其他运输方式配合和衔接。

(3) 水路运输

主要使用船舶运送客货。水路运输主要承担大批量、长距离的运输，是干线运输尤其是国际贸易的主力运输形式。在内河及沿海，水运也常作为小型运输工具使用，担任补充及衔接大批量干线运输的任务。

水路运输的主要优点是成本低，能承担大批量、远距离的运输。但是水运的缺点也显而易见，如速度慢，受水位和气候影响较大等。

(4) 航空运输

主要使用飞机或其他航空器进行运输。航空运输的单位成本很高，因此其主要适合运载的货物有两类：一类是价值高、运费承担能力较强的货物，如贵重设备的零部件、高档产品等；

另一类是急需的物资，如救灾抢险物资等。

航空运输的主要优点是速度快，不受地形的限制，在火车、汽车都达不到的地区也可依靠航空运输，因而有其重要意义。

(5) 管道运输

这是利用管道输送气体、液体和粉状固体的一种运输方式。其运输形式是靠物体在管道内顺着压力方向循序移动实现的，和其他运输方式的区别在于，管道设备是静止不动的。

管道运输的主要优点是，由于采用密封设备，在运输过程中可避免散失、丢失等损失，也不存在其他运输设备本身在运输过程中消耗动力所形成的无效运输问题。另外，其运输量大，适合于大且连续不断运送的物资。

2.1.2 物流运输的职能及原则

1. 运输功能

运输是物流作业中最直观的要素之一。运输提供两大功能：产品转移和产品暂时储存。

(1) 产品转移

无论产品处于哪种形式，是材料、零部件、装配件、在制品，还是成品，也不管是在制造过程中，将被转移到下一阶段，还是实际上更接近最终的顾客，运输都是必不可少的。运输的主要功能就是产品在价值链中的来回移动。既然运输利用的是时间资源、财务资源和环境资源，那么，只有当它确实提高了产品的价值时，该产品的移动才是必要的。

现代运输的主要目的就是要以最低的时间、财务和环境资源成本，将产品从供应地转移到需求地。此外，产品在运输途中的灭失损坏费用也必须是最低的。同时，产品转移所采用的方式必须能满足顾客有关交付履行和装运信息的可得性等方面的要求。

(2) 产品暂时储存

运输的另一大职能就是对物品在运输期间进行短时储存，也就是说将运输工具(车辆、船舶、飞机、管道等)作为临时的储存设施。所以适宜的储存环境对货物的保质保鲜是必要的。这就要求运输工具的舱内干净、整洁，且照明、通风或其他温湿度控制等设施条件是可实现的。

2. 运输营运的基本原理

规模经济和距离经济是运输营运必须遵守的两个基本原理，它们对运输的效率有着显著的影响。实践中，在对不同的运输方法进行评估时，企业必须对这两个方面的影响进行综合考虑。由此也可以说，在满足客户需求的基础上，实现运输数量和距离的最大化是运输运营的主要任务。

(1) 规模经济原理

是指随着运输工具装载规模的增长，每单位载重量运输成本下降的原理。通常大型运输方式(如整车货运)比小型运输方式(如零担运输)的单位运输成本要低得多。

(2) 距离经济原理

也称递远递减原理，是指每单位运输距离的成本随着运输总距离的增加而减少。

2.2　物流运输设备

2.2.1　物流运输设备的认识

运输设备也就是运输工具，是指完成旅客和货物运输的机车、客货车辆、汽车、轮船、飞机等。由于这些运输工具是完成旅客和货物位移的工具，故又称交通运输移动设备。根据从事运输活动的独立程度，它可以分为三类：① 没有装载客货容器，只提供原动力的运输工具，比如机车、推车（拖船）、牵引车等；② 没有原动力，只装载有客货容器的从动运输工具，如车辆、挂车、驳船等；③ 既装载有客货容器，又拥有原动力的独立式运输工具，如轮船、载货汽车、飞机等。

2.2.2　物流运输设备的种类及选择

运输方式的运输工具可按用途分为旅客运输工具和货物运输工具两类。旅客运输工具是专门为运送旅客设计的车船机，为旅客提供座位或铺位；货物运输工具主要是为运送货物设计的车船机，提供货物堆码空间。

1. 铁路运输工具

铁路运输工具主要包括铁路机车、铁路车辆和列车等。铁路机车是铁路运输的动力。列车和车辆在铁路线路上的有目的地移动都需要机车的牵引或推送。

从原动力看，机车分为蒸汽机车、内燃机车和电力机车。

铁路车辆分为客车和货车两大类，均由车体、走行部分、车钩缓冲装置和制动装置等组成。货车主要有棚车、敞车、平车、罐车、冷藏车、散料车等。

① 棚车（见图2-1）：是铁路运输采用的一种主要的封闭式车型，有侧滑开门式，也有活动顶棚，适用于需防潮、防丢失等较贵重的货物和邮政包裹等。

(a) 棚　车　　(b) 敞　车

图2-1　棚车与敞车

② 敞车(见图 2-1):无车厢顶,设有车厢挡板。主要用于运输建材、木材、钢材、袋装及散装杂货、煤炭等。

③ 平车(见图 2-2):无车顶和车厢挡板,装卸方便。主要用于运输大型机械、集装箱、钢材等。必要时可运输超宽、超长的货物。

④ 罐车(见图 2-2):主要用于运输气、液、粉状货物,如水泥罐车、压缩气体罐车等。

(a) 平　车

(b) 罐　车

图 2-2　平车与罐车

2. 公路运输工具

公路运输使用的车辆可分为普通货物车辆、专用运输车辆和牵引车挂车运输车辆三大类。

(1) 普通货运车辆

普通货运车辆如图 2-3 所示。

(a) 敞式汽车

(b) 箱式货车

(c) 自卸汽车

(d) 专用车辆:混凝土搅拌车

图 2-3　普通货运车辆

公路货物运输所承运的货物，大多数为普通货物，因此这类物品的运输通常采用普通货运车辆进行运输。普通货运车辆可分为普通卡车、箱式货车、农用运输车辆等。其中载重量小于 0.75 吨的称为微型货车，0.75～3 吨的称为轻型货车、3～8 吨的称为中型货车、8 吨以上的称为重型货车。

随着城市物流的发展，箱式货车由于具有运输包装要求低、防护条件好、运输安全可靠等特点，应用越来越广泛。

(2) 专用运输车辆

一些特殊的货物如鲜活货物、液体货物、粉粒状货物及易燃易爆、易腐蚀、有毒物品等，只能用专用汽车运输，才能满足物流对运输服务质量的要求。专用运输车辆主要包括液压罐运输车、粉罐运输车、冷藏车、轿车专用运输车、自卸车等。

(3) 牵引车挂车运输车辆

牵引车是集装箱运输的主要工具，它本身不具备载货平台，必须与挂车连接在一起使用。挂车本身没有发动机驱动，只能通过拖挂装置，由牵引车或其他车辆牵引，组成汽车列车才能成为一个完整的运输工具。随着公路运输物流现代化的发展，集装箱运输多采用牵引挂车运输。牵引车挂车如图 2－4 所示。

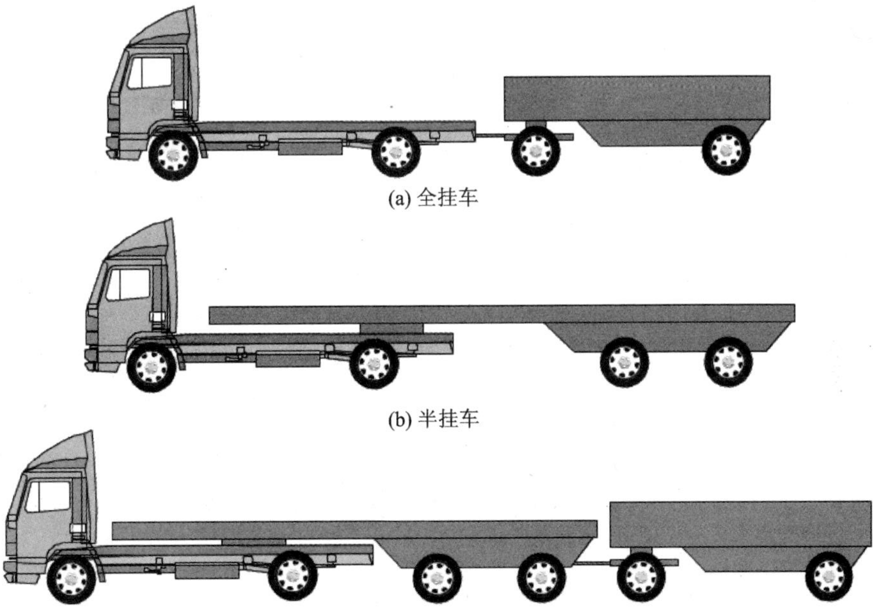

(a) 全挂车

(b) 半挂车

(c) 混挂车

图 2－4　牵引车挂车

3. 水路运输工具

水路运输工具也称浮动工具（浮动器），包括船、驳、舟、筏。船和驳是现代水路运输工具的核心，分别是货船和客船。

(1) 货船的种类

货船按其功能可以分为以下几种：

① 杂货船。专门用来装运包装、箱装、袋装、桶装、捆扎等杂件货物的船舶，在运输船舶中占较大比重。

② 集装箱船。包括杂货-集装箱两用船、散货-集装箱两用船、驶上驶下集装箱船、子母船和吊上吊下型集装箱船。

③ 散货船。专门用来装运谷物、煤炭、矿石、盐等散装货物的船舶。

④ 油船。专门用来装运散装石油(原油和成品油)类液体货物的船舶。

⑤ 液化气船。专门用来装运液化天然气和液化石油气的船舶。

⑥ 冷藏船。指设有冷藏设备，专门用来装运易腐鲜货的船舶。

⑦ 滚装船。专门用来装运以汽车(一般为汽车客车、汽车列车或挂车)为货物单元的船舶。

⑧ 驳船。指本身没有动力装置，依靠其他船舶(拖船、推轮或载驳船)拖带、顶推或装载完成运输的船舶。

⑨ 载驳船。又称子母船，专门用来装运以载货驳船为货物单元的船舶。

部分货船种类如图 2-5 所示。

(a) 集装箱船　(b) 散货船　(c) 油　船

(d) 双体船　(e) 水翼船　(f) 气垫船

图 2-5　部分货船种类

(2) 船舶载重量

船舶载重量是船舶装载货物重量的能力，是判断船舶运载能力的主要指标之一，有总载重量和净载重量之分。

总载重量是指在任一水线下，船舶所允许装载的最大重量。它是包括货物或旅客、燃料、淡水、粮食和供应品、船用备品、船员和行李以及船舶常数等重量的总和。船舶总载重量等于相应该吃水时的船舶排水量减去空船重量。

净载重量是指船舶所能装载的最大限度的货物重量。船舶净载重量等于船舶总载重量减去燃料、淡水、粮食和供应品、船用备品、船员和行李以及船舶常数后的重量。是总载重量中能够盈利的那部分重量。

4. 航空运输工具

航空运输工具通常是指专门用于运送旅客或货物的民用飞机。

(1) 飞机类型

按照运输对象划分，可以分为客机和货机两类，客机以运送旅客为主，运送货物为辅（腹舱载货），而货机则专门用于运送各类货物。

按飞机的航程远近划分，可以分为近程、中程、远程。远程飞机的航程为 4 800 km 以上，可以完成中途不着陆的洲际跨洋飞行。中程飞机的航程为 2 400～4 800 km 之间。2 400 km 以下为短程。

(2) 飞机载重量

飞机载重量分类如图 2－6 所示。

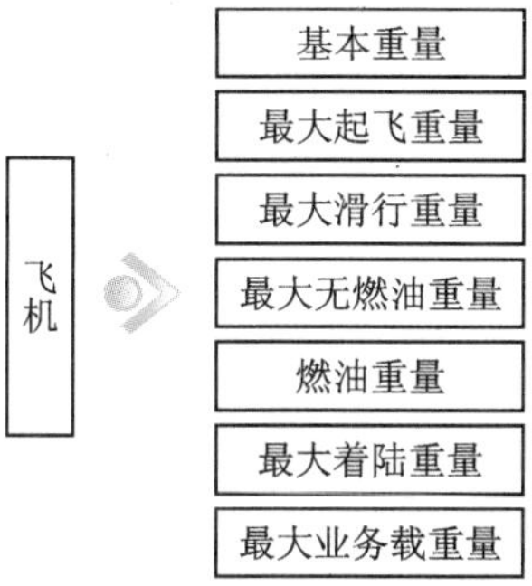

图 2－6　飞机载重量分类

5. 管道运输工具

管道运输是一种特殊的运输方式，其有别于其他运输方式。它的载货容器与原动机的组合较为特殊，载货容器为干管，原动机为泵（热）站，总是固定在特定的空间内，可将其视为运输工具。管道运输包括以下三种情况。

(1) 输油管道运输

输油管道一般用于原油或成品油的长距离运输，它主要由输油站和输油管线两部分组成，是连接油田、炼油厂、油库或其他用油单位的管道。

输油管道中往往安装很多设备，它们的作用是驱动和监控管道内的货物运行。输油管道的主要设备有离心泵、输油泵站、输油加热炉、储油罐、管道系统、清管设备、计量及标定装置等。

(2) 天然气管道运输

我国天然气可开采量约为 10.5 万亿立方米，但分布非常不均衡，西部蕴藏量丰富，而对天然气的需求又集中在东部地区，因此，我国的天然气需要进行远距离输送。目前，实际应用的天然气储运方式有三种：一是通过管道，采用高压方法运输天然气；二是利用低温技术将天然气液化，然后利用船舶等运输工具进行储存和运输；三是利用多孔介质的吸附作用储存天然气。目前，大部分天然气（约占总量的 75%）采用管道输送。

(3) 固体料浆管道运输

用管道输送各种固体物料的一般方法是将待输送的固体物料破碎为粉粒状，与适量的液体配置成可泵送的浆液，通过管道将这些浆液输送到目的地后，再将固体物料从液体中分离出来。目前浆液管道主要用于输送煤、铁矿石、磷矿石、铜矿石、铝矾土和石灰石等矿物，配制浆液的主要载体是水，还有少数采用燃料油或甲醇等液体作载体。

2.2.3 物流运输线路

物流运输线路是供运输工具定向移动的通道，是运输工具赖以运行的物质基础。在现代运输系统中，主要的运输线路有铁路、公路、水运和空运航线、管道，其中铁路和公路为陆上运输线路，需承受运输工具及其装载物或人的重量，并主要或部分地引导运输工具的行进方向。航线分水运航线和民航航线，主要起引导运输工具定位定向行驶的作用，不必承受来自运输工具及其装载物或人的重量，船舶等浮动器和飞机等航空器及其装载物或人的重量由水和空气的浮力来支撑。管道是一种相对特殊的交通线路，由于其严密的封闭性，使之既是线路也是运输工具。

物流运输线路的组成如下：

① 陆上运输线路。主要包括铁路和公路。铁路线路由路基、轨道和桥隧涵洞三部分组成。公路线路与铁路线路相似，由路面和桥隧涵洞组成。

② 水运航线。由航道、航灯和灯塔构成。航道是以水上运输为目的所规定或设置(包括建设)的船舶航行通道。以通航木排为主的叫木排航道；以通航内河运输船舶为主的叫内河航道，主要有天然河流、渠化河流及通航渠道和运河；以通航海轮为主的称海轮航道。

③ 空运航线。是地球表面的两个点间的连线相对应的空中航行线路，是为民航飞机规定的线路，也称航空交通线。它规定了飞机飞行的具体方向、起始与经停地点及所使用的航路。

④ 管道。主要指长距离输送管道(简称长输管道)，有干管、沿线阀室，可通过河流、铁路、公路、峡谷等，穿(跨)越结构物。

图 2 - 7 所示为铁路运输。

2.2.4 物流运输结点

物流运输结点指处于运输线路上具有集散货功能的场所。主要包括：货运车站、铁路车站、港口、航空港、管道站。

主要功能

(1) 衔接功能

物流结点将各个物流线路联结成一个系统，使各个线路通过结点变得更为贯通而不是互不相干，这种作用称之为衔接作用。

在物流未系统化之前，不同线路的衔接有很大的困难，例如轮船的大量输送线和短途汽车

图 2-7 铁路运输

的小量输送线，两者的输送形态、输送装备都不相同，再加上运量的巨大差异，所以两者之间往往有长时间的中断，不能贯通。物流结点利用各种技术管理的方法可以有效地起到衔接作用，将中断转化为通畅。

物流结点的衔接作用可以通过多种方法实现，主要有：通过转换运输方式衔接不同运输手段；通过加工衔接干线物流及配送物流；通过储存衔接不同时间的供应物流和需求物流；通过集装箱、托盘等集装处理衔接整个“门到门”运输，使之成为一体。

(2) 信息功能

在现代物流系统中，每一个结点都是物流信息的一个点，若干个这种类型的信息点和物流系统的信息中心结合起来，便形成了指挥、管理、调度整个物流系统的信息网络，这是一个物流系统建立的前提条件。

(3) 管理功能

物流系统的管理设施和指挥机构往往集中设置于物流结点之中，实际上，物流结点大都是集管理、指挥、调度、信息、衔接及货物处理于一体的物流综合设施。整个物流系统运转的有序化和正常化及效率和水平取决于物流结点的管理职能实现的情况。

【任务小结】

本任务介绍了物流最主要的功能之一——运输。运输是物流活动成本耗费最多的要素。学习本任务后，要求明确运输的基本原则，了解不同运输方式和运输工具的区别与适用性，以及常用的技术装备和设施的特点，并能合理选用，以达到合理运输、降低成本的目的。

任务3　仓储配送技术与设备

【引导案例】

京东商城货物配送中的订单轨迹

物流配送是电商企业运营中非常重要的一个环节，京东有自己的独立物流系统，可以把服务做得更好，也可以提供很多个性化的需求，比如订单轨迹图，就非常有创意。通过与地图结合的方式，清楚地呈现出订单的配送情况。这样的一个配送图会带来什么样的好处和影响呢？

对于用户，有了它，在京东商城买东西就不需要再进行查询订单的进度了，通过它可以非常直观地看到订单的发货情况，也可以更好地安排收货的时间。对京东来讲，可以省下很多的客服人力资源。有了这个图之后，用户的售后咨询、订单查询的数量会少很多。当然，物流的缺陷会被放大，这样一个直观的轨迹图会让京东的物流配送透明化，但物流配送的问题随之也会被放大。

3.1　仓储与配送概述

3.1.1　仓储管理基础知识

1. 仓储管理(Warehouse Management)

“仓”也称为仓库，为存放物品的建筑物和场地，可以是房屋建筑、大型容器、洞穴或者特定的场地等，具有存放和保护物品的功能；“储”表示收存以备使用，具有收存、保管、交付使用的意思，当用于有形物品时也称为储存。“仓储”则为利用仓库存放、储存未即时使用的物品的行为。简言之，仓储就是在特定的场所储存物品的行为。

仓储管理是指对仓库及仓库内的物资所进行的管理，是仓储机构为了充分利用其具有的仓储资源提供高效的仓储服务所进行的计划、组织、控制和协调过程。

仓储管理是一门经济管理科学，同时也涉及应用技术科学，故属于边缘性学科。仓储管理的内涵是随着其在社会经济领域中的作用不断扩大而变化的。

2. 仓储管理的内容

仓储管理主要是在商品流通过程中对货物储存环节的经营进行管理，其管理的内容有技术的也有经济的，主要包括以下几个方面。

(1) 仓库的选址与布点

仓库的选址与布点管理包括选址应遵循的基本原则、应考虑的基本因素以及选址的技术方法，多点布置时还要考虑网络中仓库的数量和规模大小、相对位置和服务的客户等问题。

(2) 仓库规模的确定和内部的合理布局

仓库规模的确定和内部的合理布局包括仓库库区面积及建筑物面积的确定，库内道路和作业区的平面和竖向布置，库房内部各作业区域的划分和作业通道布置的方式。

(3) 仓储设施和设备的选择及配备

仓储设施和设备的选择及配备包括如何根据仓库作业的特点和储存商品的种类及理化特性，合理地选择和配备仓库设施、作业机械以及如何合理地使用和管理。

(4) 仓储资源的获得

仓储资源的获得包括企业通过什么方式来获得仓储资源。通常，一个企业获得资源的方式包括使用自有资金、使用银行借贷资金、发行企业债券、向企业内部职工或社会公众募股等方式。归结起来包括两种途径：一是企业内部资金；二是企业外部资金。不同的资源获得方式其成本不同。

(5) 仓储作业活动管理

仓储作业活动随着作业范围和功能的不同其复杂程度也不尽相同，仓储作业管理是仓储管理的重要内容，它涉及仓储作业组织的结构与岗位分工、作业流程的设计、仓储作业中的技术方法和作业手段，还包括仓储活动中的信息处理等。

(6) 库存控制

库存是仓储的最基本功能，企业为了能及时满足客户的需求，就必须经常保持一定数量的商品库存，存货不足会造成供应断档，存货过多会造成商品积压、仓储成本上升。库存控制是仓储管理中最为复杂的内容，是仓储管理从传统的存货管理向高级的存货系统动态控制发展的重要标志。

(7) 仓储经营管理

从管理学的角度来看，经营管理更加注重企业与外部环境的和谐，仓储经营管理是企业运用先进的管理方式和科学的管理方法，对企业的经营活动进行计划、组织、指挥、协调和控制，其目的是获得最好的经营效果。

(8) 仓储人力资源管理

人在社会生活中是最具有主观能动性的，任何一个企业的发展和壮大都离不开人的参与，仓储企业也不例外。仓储人力资源管理主要涉及人才的选拔和合理使用、人才的培养和激励、分配制度的确立等。此外，仓储管理还涉及仓储安全的管理、信息技术的应用、仓储成本的管理和仓储经营效果评价等方面的内容。

3. 仓储的保管原则

① 面向通道进行保管。为使物品出入库方便，容易在仓库内移动，基本条件是将物品面向通道保管。

② 尽可能地向高处码放，提高保管效率。为有效利用库内容积，应尽量向高处码放；为防止破损、保证安全，应尽可能地使用棚架等保管设备。

③ 流动性差的物品放在距离出入口稍远的地方，季节性物品则依其季节特性来选定放置

的场所。

④ 同一品种在同一地方保管。为提高作业效率和保管效率，同一物品或类似物品应放在同一地方保管，员工对库内物品放置位置的熟悉程度直接影响出入库的时间，将类似的物品放在邻近的地方也是提高效率的一种重要的方法。

⑤ 根据物品重量安排保管的位置。安排放置场所时，重的物品放在下面，轻的物品放在货架的上方。需要人工搬运的大型物品则以腰部的高度为基准，这是提高效率、保证安全的重要原则。

⑥ 依据物品形状安排保管方法。依据物品形状来保管也是很重要的，如标准化的商品应放在托盘或货架上保管。

⑦ 依据先进先出的原则。对于易变质、易破损、易腐败及机能易退化、老化的物品，应尽可能按先入先出的原则，加快周转。由于商品的多样化、个性化及使用寿命的长短不一，所以这一原则尤其重要。

4. 仓储的基本经济功能

(1) 整　合

整合装运是仓储实现经济效益的一个方面，通过这种安排，整合仓库接收的来自制造工厂一系列的指定送往某一特定地点的货品，然后把它们整合成单一的一票装运，其好处是，有可能实现最低的运输费率，并降低顾客在收货站台处发生拥塞的概率。仓库可以把从制造商到仓库的内向转移及从仓库到顾客的外向转移组成更大的装运。

为了提供有效的整合装运，每一个制造工厂必须把该仓库作为货运储备地点或用作产品分类和组装设施的地点。因为，整合装运的主要利益是，把货品小批量装运的物流流程结合起来，使其流转到一个特定的市场地区。整合仓库可以单独归某一家厂商使用，也可以供几家厂商联合起来共同使用，这也是一种整合服务。通过这种整合方案的利用，每一个单独的制造商或托运人都能够享受到物流总成本低于其各自分别直接装运成本带来的好处。

(2) 加工/延期

仓储也可以承担加工或参与少量的制造活动，用于生产延迟。具有包装能力或加标签能力的仓库，可以把产品的最后一道生产工序一直推迟到该产品需出库时为止。例如，制造商将蔬菜加工制成罐头，但不“上光”(上光是指还没有贴上标签的罐头产品)，没有“上光”就意味着该产品还没被指定销售给具体的顾客，其包装配置还在制造商的工厂里或仓库里。一旦接到顾客的订单，仓库就能够给产品加上标签，完成最后一道工序，并最后敲定包装。加工/延期(processing/postponement)提供了两个基本经济利益：第一，风险最小化，因为最后的包装要等到敲定具体的订购标签和收到包装材料时才完成；第二，通过对基本产品(如“上光”罐头)使用各种标签和包装配置，可以降低存货水平。于是，降低风险与降低存货水平相结合，往往能够降低物流系统的总成本，即使在仓库进行包装的成本要比在制造商工厂处包装更高。

(3) 堆　存

仓储服务的直接经济利益从属于这样一个事实，即对于所选择的业务来说，储存是至关重要的。例如，家具和玩具是全年生产的，但其是在非常短的一段市场营销期内进行销售。与此相反，农产品是在特定的时间内收获的，但其底层的消费则是在全年进行。这两种情况都需要仓库的堆存(stock)来支持市场营销活动。堆存提供了存货缓冲,使生产活动在受到材料来源和顾客需求的限制条件下提高效率。

3.1.2　配送管理基础知识

1. 什么是配送管理

配送管理(distribution management)是物流中一种特殊的、综合的活动形式,是商流与物流的紧密结合,既包含了商流活动和物流活动,也包含了物流中若干功能要素。

配送是指在经济合理区域范围内,根据用户的要求,对物品进行拣选、加工、包装、分割、组配等作业,并按时送达指定地点的物流活动。

2. 配送管理的发展及现状

一般的送货形态在西方国家已有相当长的历史,可以说是随市场而诞生的一种必然市场行为。尤其是伴随资本主义经济的生产过剩,买方市场必然采取各种各样的推销手段,送货最初便是作为一种不得已的推销手段出现的。

许多国家甚至到20世纪80年代才真正认识到这一点。目前企业界普遍认识到配送是企业经营活动的主要组成部分,它能给企业创造更多的利润,是企业增强自身竞争能力的手段。这种认识的转变有着深厚的社会根源:

第一,科学技术的进步和生产力的发展,可以为经济界提供省力且高效的管理方式与技术装备方式,将无法回避、令人讨厌且费力低效的活动,转变为刻意追求、容易接受且省力高效的活动。

第二,生产领域劳动生产率的提高,越发能使人看到流通和物流过程中的潜力,不少实践证明,包括配送在内的物流领域的开发,可以获得很大的经济效益,因此就不再"有碍于企业的发展"。

第三,生产力发展大大促进了社会分工,服务性生产大大发展,服务性社会的出现,使人们增强了配送的主动服务性质,成为企业增强自身竞争能力的手段。

3. 配送管理的功能要素

① 集货。是将分散的或小批量的物品集中起来,以便进行运输、配送的作业。

② 分拣。是将物品按品种、出入库先后顺序进行分门别类堆放的作业。

③ 配货。是使用各种拣选设备和传输装置,将存放的物品,按客户的要求分拣出来,配备齐全,送入指定的发货地点。

④ 配装。是集中不同客户的配送货物,进行搭配装载以充分利用运能、运力。

⑤ 配送运输。是较短距离、较小规模、频度较高的运输形式,一般使用汽车做运输工具。配送运输的路线选择问题是技术难点。

⑥ 送达服务。是圆满地实现货物运到之后的移交,有效、方便地处理相关手续并完成结算。

⑦ 配送加工。是按照配送客户的要求所进行的流通加工。

3.2 仓储管理技术与设备

3.2.1 货　架

1. 货架的作用和分类

(1) 货架的作用

① 提高空间利用率。货品在货架上分层存放，可充分利用仓库空间，扩大仓库的储存能力。

② 减少货损。存入货架中的货品，互不挤压，货品损耗小，可保证货物的完整性。

③ 先进先出。货架上的货品，存取方便，便于清点和计量，可做到先进先出。

(2) 货架的分类

① 传统式货架。包括：层架、层格式货架、抽屉式货架、橱柜式货架、U 形架、悬臂架、栅架、鞍架、气罐钢筒架、轮胎专用货架等。

② 新型货架。包括：旋转式货架、移动式货架、装配式货架、调节式货架、托盘货架、进车式货架、高层货架、阁楼式货架、重力式货架、屏挂式货架等。

2. 常见货架介绍

(1) 托盘式货架

托盘式货架是存放装有货物托盘的货架。托盘货架所用材质多为钢材结构，也可用钢筋混凝土结构。可做单排型连接，也可做双排型连接，如图 3－1 所示。托盘式货架的尺寸大小，

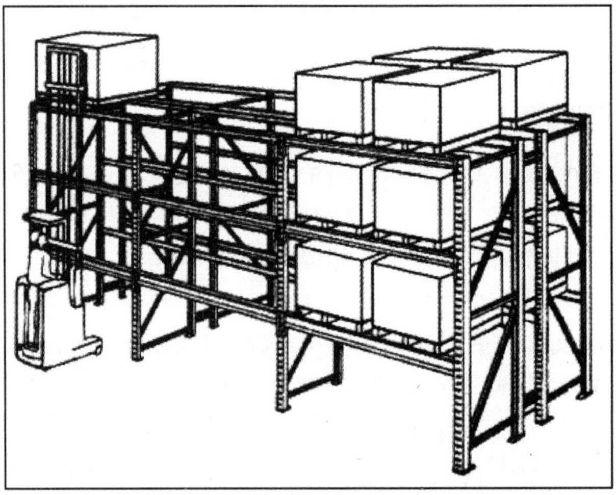

图 3－1　托盘式货架

视仓库的大小及托盘尺寸的大小而定。

采用托盘式货架，每一个托盘占一个货位。较高的托盘货架使用堆垛起重机存取货物，较低的托盘货架可用叉车存取货物。托盘式货架可实现机械化装卸作业，便于单元化存取，库容利用率高，可提高劳动生产率，实现高效率的存取作业，便于实现计算机的管理和控制。

托盘货架其优点是存取方便，拣取效率高。但是这种货架的储存密度较低，需要较多的通道。根据存取通道宽度可分为传统式通道、窄道式通道和超窄式通道。这种形式的货架适用于储存品种中量、批量一般的货物。通常在6米以下，层数以3～5层为宜。此外，它可以任意调整组合，施工简易，经济实惠，出入库不受先后顺序的影响，一般的叉车都可作业。在选用托盘式货架时，应考虑存储单元的尺寸、质量和堆放层数，以便决定支柱和横梁尺寸。

(2) 重力式托盘货架

重力式托盘货架是指货架本身固定不动，但货物单元可在货架上流动或移动的货架。货物从货架的高端放入某一流道内，货物在重力或动力驱动的作用下滑动到流道的另一端(低端)等待出库，即一端入库，另一端出库。这种货架可实现先进先出的作业原则。

重力式货架的特点是：采用密集式流道储存货物，空间利用率可达85%；适用于大量存放且需短时间出货的货品；适用于一般叉车存取；高度受限，一般在6米以下；每一流道只能存放一种货物，适合存放品项少、批量大的货品；建造费用较高、施工较慢；货品可先进先出；储物形态为托盘或储存箱。

(3) 悬臂式货架

悬臂式货架是在立柱上装设悬臂而构成的，悬臂可以是固定的，也可以是移动的。由于其形状像树枝，故又形象地称之为树枝形货架，如图3-2所示。该货架适合于存放钢管、型钢等长条形状的物品；若要放置圆形物品时，需在其臂端设挡块以防止物品滑落。此种货架可采用起重机起吊作业，也可采用侧面叉车或长料堆垛机作业。

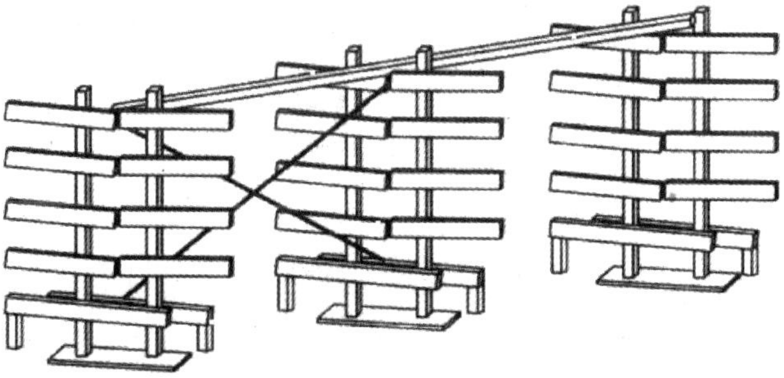

图3-2　悬臂式货架

悬臂式货架的特点是：

① 只适用于长条状或长卷状货品的存放。

② 需配合叉距较宽的搬运设备，如叉距较大的侧面式叉车。

③ 货架高度受限，一般在6米以下。

④ 空间利用率低，35%～50%。

⑤ 储物形态：长条状物品和长卷状物品。

3.2.2 自动化立体仓库

1. 什么是自动化立体仓库

立体仓库(stereoscopic warehouse)是指采用高层货架以货箱或托盘储存货物，用巷道堆垛起来，采用起重机及其他机械进行作业的仓库。在立体仓库中，货架的高度一般高于单层库房的高度。

立体仓库是现代物流系统中的重要物流节点，其应用越来越普遍。目前世界上最高的立体仓库高度已达 50 米。立体仓库单位面积的储存量可达 7.5 吨/米^2，是普通仓库的 5～10 倍。由于使用高层货架存储货物，存储区可以大幅度地向高空发展，充分利用了仓库地面和空间，节省了库存占地面积，提高了空间利用率。使用机械和自动化设备，运行和处理速度快，提高了劳动生产率，降低了操作人员的劳动强度。而自动化立体仓库是当代货架储存系统发展的最高阶段，它与自动分拣系统和自动导向车并称为物流技术现代化的三大标志。

2. 立体仓库的特点

① 立体仓库都较高，其高度一般在 5 米以上，最高达到 40 米，常见的立体仓库在 7～25 米之间。

② 立体仓库必然是机械化仓库。由于货架高度在 5 米以上，人工已难以对货架进行进出货操作，因而必须依靠机械进行作业。而立体仓库中的自动化立体仓库，则是当前技术水平较高的一种。

③ 立体仓库中配置有多层货架。由于货架较高，所以又称为高层货架仓库。

3. 立体仓库的分类

(1) 按货架的高度分类

根据货架高度的不同，可细分为高层立体仓库(15 米以上)、中层立体仓库(5～15 米)及低层立体仓库(5 米以下)等。

由于高层立体仓库造价过高，对机械装备要求特殊，且安装难度较大，因而相对建造较少；低层立体仓库主要用于老库改造，是提高老库技术水平和库容的可行之路。目前使用较多的是中层立体仓库。

(2) 按货架的构造分类

1) 单元货格式立体仓库

单元货格式立体仓库是一种标准格式的通用性较强的立体仓库，其特点是每层货架都是由同一尺寸的货格组成，货格开口面向货架之间的通道，装、取货的机械在通道中行驶，并能对左、右两边的货架进行装、取作业。每个货格中存放一个货物单元或组合货物单元。

货架以两排为一组，组间留有通道。所以这种仓库需留有较多的通道，面积利用率不太高(约为 60%)，空间利用率较高。

2）贯通式立体仓库

贯通式立体仓库又称为流动型货架仓库，其是一种密集型仓库，这种仓库货架之间没有间隔，不留通道，货架紧靠在一起，组合成一个整体。这种货架的独特之处在于，每层货架的每一列纵向贯通，像一条条隧道，隧道中能依次放入货物单元，使其排成一列。货架的结构一端高一端低，使贯通的通道形成一定的坡度。在每层货架底部安装滑道、辊道或在货物单元装备（如货箱、托盘）底部安装轮子，则货物单元便可在其自身重力作用下沿坡道高端自动向低端运动。如果单元货物容器有自行运行装备，或货架中安装有相应的运行装备，则货架也可水平安装而不需坡度。

（3）按建筑物的构造分类

1）一体型立体仓库

此种仓库的构造是：高层货架与建筑物是一体的，不能单独拆装，其高层货架作为仓库的支撑结构，仓库不再单设柱、梁。货架顶部铺设屋面，货架也兼有屋架的作用，是一种永久性设施，这种仓库的造价稍低。

2）分离型立体仓库

此种仓库的构造是：建筑物与高层货架分别建造，一般是在建筑物完成之后，按设计及规划在建筑物内部安装高层货架及相关的机械装备。

分离型立体仓库不是永久性设施，可按需要进行重新安装和技术改造，因此比较机动。但因其是分别建造，所以造价也较高。分离型立体仓库也适合旧库改造时采用。

（4）按功能分类

1）储存式立体仓库

它以大量存放货物为主要功能，货物种类不多，但数量大，存期较长。各种密集型货架的立体仓库都适于做储存式仓库。

2）拣选式立体仓库

它是以大量进货，多用户、多种类、小批量发出为主要功能的立体仓库。这类仓库要创造方便拣选和快速拣选的条件，因此，往往采取自动寻、认址的方式。由于用户需求差异较大，难以整进整出，因此，不适合采用自动化无人作业方式，而应使用人工拣选。拣选式立体仓库较多被配送中心采用。

3.3　配送技术与设备

3.3.1　配送技术及其应用概述

1. 配送技术

配送技术指配送活动中所采取的各种技术，是构成配送中心保障力的重要因素，是实现配送规模作业的手段和技术保证，是衡量配送中心现代化水平高低的重要标志。要想在配送中心顺利开展大规模的配送活动，必须根据配送作业的实际情况，遵循技术成熟先进、经济合理、安全可靠、方便操作和满足需求的原则，从配送机械设备的适应性、效率、采购成本、可靠性、灵活性、环保性以及维修的难易等方面，科学合理地配置和选择配送技术与设备。

2. 配送技术的应用现状

(1) 我国配送技术的应用现状

配送技术在我国也是近一二十年才慢慢发展起来的，虽然取得了一定的成绩，但总体来看，进展缓慢、设备落后、信息化程度低是目前的一个基本状况。具体表现在：配送规模小，物流网点没有统一布局；配送中心现代化及机械化水平程度低，整体物流技术比较落后；配送中心功能不健全，很多信息并没有得到充分加工和利用，离信息化还有很大差距等。

技术落后是我国配送发展滞后的一个主要原因，主要体现在几个方面：一是目前国内配送中心的计算机应用程度仍比较低，大多数情况下，仍只限于日常事务管理，对于物流配送中的许多重要决策问题，如配送中心的选址、货物组配方案、运输的最佳路径、最优库存控制等方面，还处在半人工化决策状态，适应具体操作的物流信息系统的开发滞后；二是物流设施的技术和设备都比较陈旧，与国外以机电一体化、无纸化为特征的配送自动化、现代化相比，差距很大；三是整体物流技术如运输技术、储存保管技术、流通加工技术以及与各环节都紧密相关的信息处理技术等，也都比较落后。我们应借鉴发达国家的先进经验，结合我国的具体实际，发展符合我国国情的配送体系，使物流配送向正规化、规模化方向发展。

(2) 发达国家的配送技术

发达国家的配送技术和设备相对于我国来讲更加先进。配送设备主要包括货场设施和设备、保管设备、分拣设备、移动设备、货物分类设备以及搬运设备等。

由于发达国家物流设备的更新周期比较短，因此，其配送技术和设备非常先进。目前在发达国家配送业务中主要采用的新技术有：条形码标志技术、自动存货和补货技术、自动分拣技术等。同时，发达国家的很多配送中心均建立了自动化的配送系统，包括由计算机控制的自动处理系统和数控分拣系统等，大大提高了配送的效率。

(3) 配送技术的发展趋势

配送技术的未来发展将以网络化、智能化为特征，下面介绍的几种技术实际上一些有实力的公司已经开始应用，但因其在有一些方面存在局限性，所以还没有真正在配送领域推广。

1) 虚拟技术

随着全球卫星定位系统(GPS)的应用，社会大配送系统的动态调度、动态储存和动态运输将逐渐代替企业的静态固定仓库。配送系统优化的目的是减少库存直至零库存，这种动态仓储运输体系借助全球卫星定位系统，充分体现了未来宏观配送系统的发展趋势；随着虚拟企业、虚拟制造技术不断深入，虚拟配送系统必将成为企业内部虚拟制造系统一个重要的组成部分。

2) 无线网络技术

无线网络技术可以与条形码相结合，如在仓储过程中，保管员可以利用无线手持终端设备接受业务中心的盘点或备货指令,并利用终端设备扫描条形码完成盘点或者备货工作。相对于过去利用单据下达盘点或备货指令、手工进行盘点和备货记录的方式,无线方式减少了中间环节,降低了差错率,提高了配送效率。

3) 电子网络技术

电子网络技术最明显的特征就是因特网的广泛使用。比如,从拣货到运送过程,均可以通过条形码扫描或射频标签识别货物或者配送信息,并将得到的信息输入仓库管理系统(WMS)或者制造执行系统(MES)。目前,通过因特网进行电子数据交换(EDI)已经成为现实,因特网完全代替传统的EDI电话连接只是时间的问题。

4) 商业智能技术

商业智能(Business Intelligence,BI)是一种定量数据分析管理技术,可将存储于各种商业信息系统中的数据转换成有用的信息,向企业各个层次的经理人提供战略和战术层面的决策支持。商业智能技术应用在配送过程中,可以协助配送方案规划者进行配送中心的布局分析、配送成本分析、车辆调度分析、配送路线可行性分析等,为实现快速、准确、低成本的配送服务提供科学的决策信息。

3.3.2 配送管理技术的分类

1. 按配送商品的种类和数量的多少进行分类

(1) 单(少)品种大批量配送

单(少)品种大批量配送的应用范围较窄,当可用汽车、火车或船舶将商品从生产企业直接送抵用户手中,同时又不至于使用户库存效益下降时,采用直送方式则效果往往会更好一些。

此配送方式适应于那些需要量大、品种单一或品种少的生产企业。常见于为生产企业配送和批发商配送。

(2) 多品种少批量配送

各工业生产企业所需要的重要原材料、零部件一般需求量大,要求也较均衡,采取直送或单品种大批量配送方式可以收到好的效果。但是,现代企业生产中,除了需要少数几种主要物资外,从种类数量来看,处于B、C类的物资品种数远高于A类主要物资,即B、C类的品种数多。但是由于每一品种的需求量都不大,如果采取直接运送或大批量的配送方式,一次进货批量大,必然占用大量资金,造成用户库存增加,库存周期拉长,库存损失严重,所以不能采取直送或大批量的配送方法,此种情况均适合采用多品种少批量的配送方式。类似的情况也出现在向零售品商店补充一般生活消费品的配送中。

(3) 成套配送

这种配送方式是指根据企业的生产需要,尤其是装配型企业的生产需要,把生产每一台件所需要的全部零部件配齐,按照生产节奏定时送达生产企业,生产企业随即可将此成套零部件送入生产线以装配产品。

这种配送方式中,配送企业承担了生产企业大部分的供应工作,使生产企业可以专注于生产，与多品种少批量的配送效果相同。

2. 按配送时间和数量的多少进行分类

(1) 定时配送

按规定的时间和时间间隔进行配送，这一类配送形式都称为定时配送。定时配送的时间，由配送的供给与需求双方通过协议确认。每次配送的品种及数量可预先在协议中确定，实行计划配送；也可以在配送之前以商定的联络方式（如电话、传真、计算机网络等）通知配送品种及数量。

1) 小时配

小时配是接到配送订货要求之后，在 1 小时之内将货物送达。这种方式适用于一般消费者突发的个性化需求所产生的配送要求，也经常用作配送系统中应急的配送方式。B2C 型的电子商务，在 1 个城市范围内，也经常采用小时配的配送服务方式。

2) 日　配

日配是指接到订货要求之后，在 24 小时之内将货物送达的配送方式。日配是定时配送中实行较为广泛的一种方式，尤其在城市内的配送，日配占绝大多数比例。一般而言，日配的时间要求大体上是：上午的配送订货，下午可送达；下午的配送订货，第二天早上送达。这样就可以使用户在实际需要的前半天得到送货服务的保障，如果是企业用户，则可使企业的运行更加精密化。

日配方式广泛而稳定地开展，可使用户基本上无须保持库存，不再以传统库存为生产和销售经营的保障，而以配送的日配方式实现，也即使用户实现零库存。

3) 准时配送方式

准时配送方式是指按照双方协议的时间，准时将货物配送到用户手中的一种方式。这种方式和时配、日配的主要区别在于：时配、日配是向社会普遍承诺的一种配送服务方式，针对社会上不确定的、随机性的需求。准时方式则是两方面协议，往往是根据用户的生产节奏，按指定的时间将货送达。这种方式比日配方式更为精密，利用这种方式，连“暂存”的微量库存也可以取消，绝对实现零库存。

(2) 定量配送

此种方式每次配送的品种、数量固定，备货工作较为简单，不用经常改变配货、备货的数量，可以按托盘、集装箱及车辆的装载能力进行配送，既能有效利用托盘、集装箱等集装方式，也可做到整车配送，所以配送效率较高，成本较低。由于时间不严格限定，所以可以将不同用户所需物品凑整装车后再配送，提高了车辆利用率。对用户来讲，每次接货都是处理同等数量的货物，所以有利于其安排人力和设备。

(3) 定时定量配送

此种配送方式对配送企业的要求比较严格，管理和作业的难度较大，需要配送企业有较强的计划性和准确度。其主要应用在大量而且稳定生产的汽车、家用电器、机电产品的供应物流中。这种方式的管理和运作，一是以配送双方事先签订的协议为依据来执行；二是采用“看板方式”来决定配送的时间和数量。

(4) 定时定路线配送

这种方式有利于配送企业有计划地安排车辆及驾驶人员，可以依次对多个用户实行共同配送，无须每次决定货物配装、配送路线、配车计划等问题，易于管理，配送成本较低。

对用户来讲，既可在一定路线、一定时间内进行选择，又可有计划地安排接货力量。这种配送方式可以为众多的中小型客户提供极大的方便，如连锁商店的配送活动。但它的应用领域也是有限的，不是一种可普遍采用的方式。

这种方式特别适合对小商业集中的区域的企业配送。商业集中的区域交通较为拥挤，街道又比较狭窄，难以实现配送车辆"到门"的配送。如果在某一站点将相当多商家的货物送达，然后再用小型人力车辆将货物送至各商家。这项操作往往在非营业时间内完成，完全可以避免上述矛盾对配送造成的影响。

(5) 即时配送

这种方式是以某天的任务为目标，在充分掌握了这一天货物需要地、需要量及种类的前提下，即时制定最优的配送路线，并安排相应的配送车辆实施配送。可以在初期按预测的结果制定计划，统筹安排一个时期的任务，并准备相应的力量，实际的配送实施计划则可在配送前一两天根据任务书做出。此种配送方式适合一些零星商品、临时需要的商品或急需商品的配送。

即时配送可以灵活高效地满足用户的临时需求，最终解决用户企业害怕的断供之忧，大幅度提高供应保证的能力。即时配送是配送企业快速反应能力的具体化，是配送企业能力的体现。即时配送成本较高，对配送中心的要求也比较高，特别是对配送速度和配送时间要求比较严格，但它是整个配送合理化的重要保证手段。此外，用户如果想实行零库存，即时配送也是重要的保证手段。

通常只有配送设施完备，具有较高的管理和服务水平、较高的组织和应变能力的专业化的配送中心，才能大规模地开展即时配送业务。

3.3.3　分拣技术及设备

在配送中心的搬运成本中，拣货作业的搬运成本约占90%；在劳动密集型的配送中心，与拣货作业直接相关的人力占50%；拣货作业时间占整个配送中心作业时间的30%～40%。因此，在配送作业的各环节中，拣货作业是整个配送中心作业系统的核心。

1. 拣货作业的基本过程

(1) 拣货信息的形成

拣货作业开始前，指示拣货作业的单据或信息必须先行处理完成。虽然一些配送中心直接利用顾客订单或公司交货单作为拣货指示，但此类传票容易在拣货过程中受到污损而产生错误，所以多数拣货方式仍需将原始传票转换成拣货单或电子信号，使拣货员或自动拣取设备能进行更有效的拣货作业。但这种转换仍是拣货作业中的一大瓶颈。

因此，利用EOS(Electric Ordering System)直接将订货资讯通过计算机快速及时地转换成拣货单或电子信号，是现代配送中心必须解决的问题。

(2) 行走与搬运

拣货时,拣货作业人员或机器必须直接接触并拿取货物,这样就形成了拣货过程中的行走与货物的搬运。这一过程有两种完成方式:

人—物方式,即拣货人员以步行或搭乘拣货车辆的方式到达货物储位。这一方式的特点是物静而人动。拣取者包括拣货人员、自动拣货机或拣货机器人。

物—人方式,此种方式与第一种方式相反,拣取人员在固定位置作业,而货物保持动态的储存方式。这种方式的特点是物动而人静。

(3) 拣　选

无论是人工或机械拣取货物都必须首先确认被拣货物的品名、规格、数量等内容是否与拣货信息传递的指示一致。这种确认既可以通过人工目视读取信息,也可以利用无线传输终端机读取条形码,由计算机进行对比。后一种方式可以大幅度降低拣货的错误率。拣货信息被确认后,拣取的过程可以由人工或自动化设备完成。

(4) 分类与集中

配送中心在收到多个客户的订单后,可以形成批量拣取,然后再根据不同的客户或送货路线分类集中,有些需要进行流通加工的商品还需根据加工方法进行分类,加工完毕再按一定的方式分类出货。多品种分货的工艺过程较复杂,难度也大,容易发生错误,必须在统筹安排形成规模效应的基础上提高作业的精确性。分类完成后,经过查对、包装便可以出货了。

2. 拣货作业的主要方法

配送中心常用的拣货作业主要有两种,单一拣取和批量拣取。

(1) 单一拣取

结合分区策略,具体可以分为单人拣取、分区接力拣取和分区汇总拣取几种方式。

① 单人拣取时可以一张订单由一个人从头到尾负责到底。此种拣货方式的拣货单,只需将订单资料转为拣货需求资料即可。

② 分区接力拣取是将存储或拣货区划分成几个区域,一张订单由各区人员采取前后接力的方式合力完成。

③ 分区汇总拣取是将存储区或拣货区划分成几个区域,将一张订单拆分成各区域所需的拣货单,再将各区域所拣取的商品汇集到一起。

(2) 批量拣取

批量拣取是将数张订单汇总成一批,再将各订单相同的商品订购数量加总起来,一起拣取处理。

与单一拣取相比,批量拣取是将各用户的需求集中起来进行拣取,所以有利于进行拣取路线规划,减少不必要的重复行走。但其计划性较强,规划难度较大,容易发生错误。

批量拣取适合用户稳定而且用户数量较多的专业性配送中心采用,需求数量可以有差异,配送时间要求也不太严格,但品种共性要求相同。

3. 拣货策略

拣货策略是影响拣货作业效率的关键,主要包括分区、订单分割、订单分批、订单分类四个因素，这四个因素相互作用可产生多个拣货策略。

(1) 分　区

分区是指将拣货作业场地进行区域划分。主要的分区原则有以下三种：

① 按拣货单位分区。如将拣货区分为箱装拣货区、单品拣货区等，基本上这一分区与存储单位分区是相对应的，其目的在于将存储与拣货单位分类统一，以便拣取与搬运单元化。

② 按物流量分区。这种方法是按各种货物出货量的大小以及拣取次数的多少进行分类，再根据各组群的特征，决定合适的拣货设备及拣货方式。这种分区方法可以减少不必要的重复行走，提高拣货效率。

③ 按工作分区。这种方法是指将拣货场地划分为几个区域，由专人负责各个区域的货物拣选。这种分区方法有利于拣货人员记忆货物存放的位置，熟悉货物品种，缩短拣货所需的时间。

(2) 订单分割

当订购的商品种类较多，或要求设计一个及时快速处理的拣货系统时，为了能在短时间内完成拣货处理，需要将一份订单分割成多份子订单，交给不同的拣货人员同时进行拣货。要注意的是订单分割要与分区原则结合起来，才能取得较好的效果。

(3) 订单分批

订单分批是将多张订单集中起来进行批次拣取的作业。订单分批的方法有多种：

① 按照总和计量分批。在拣货作业前将所有订单中的订货量按品种进行累计，然后按累计的总量进行拣取，其好处在于可以缩短拣取路径。

② 按时分批。在存在紧急订单的情况下可以开启短暂而固定的5分钟或10分钟的时窗，然后将这一时窗的订单集中起来进行拣取。这一方式非常适合到达间隔时间短而平均的订单，常与分区以及订单分割联合运用，不适宜订购量大以及品种过多的订单。

③ 固定订单量分批。在这种分批方法下，订单按照先到先处理的原则，积累到一定量后即开始拣货作业。这种分批方法可以维持较稳定的作业效率。

④ 智能型分批。订单输入计算机后，将拣取路径相近的各订单集合成一批。这种方法可以有效减小重复行走的距离。

(4) 订单分类

如果采用分批拣货策略，还必须明确相应的分类策略。

分类的方法主要有两种：

一是在拣取货物的同时将其分类到各订单中；二是集中分类，先批量拣取，然后再分类，可以采用人工集中分类，也可以采用自动分类机进行分类。

4. 电子标签拣货系统(electronic label picking system)

(1) 什么是电子标签拣货系统

电子标签拣货系统是指通过电子标签进行出库品种和数量的指示，从而代替传统的纸质拣货单，提高拣货效率。

(2) 电子标签拣货系统的分类

电子标签在实际使用中主要有两种方式：摘取式电子标签拣货系统(DPS)和播种式电子

标签分拣系统(DAS)。

1) DPS(Digital Picking System),即利用电子标签实现摘果法出库

首先要在仓库管理中实现库位、品种与电子标签的对应。出库时,出库信息经由系统处理并传到相应库位的电子标签上,显示出该库位存放货品需出库的数量,同时发出光、声音信号,指示拣货员完成作业。DPS使拣货人员无须费时去寻找库位和核对商品,只需核对拣货数量即可,因此在提高拣货速度、准确率的同时,降低了拣货人员的劳动强度。采用DPS时可设置多个拣货区,以进一步提高拣货速度。

DPS一般要求每一品种均配置电子标签,但这对很多企业来说,投资较大。因此,可采用两种方式来降低系统投资:一种是采用可多屏显示的电子标签,用一只电子标签实现多个货品的指示;另一种是采用DPS加人工拣货的方式,对出库频率最高的20%~30%的产品(占出库量的50%~80%),采用DPS方式以提高拣货效率;对其他出库频率不高的产品,仍使用纸质拣货单。这两种方式的结合在确保拣货效率改善的同时,可有效节省投资。

2) DAS(Digital Assorting System),即利用电子标签实现播种式分货出库

DAS中的储位代表每一位客户(各个商店、生产线等),每一储位都设置有电子标签。操作员先通过条形码扫描把将要分拣货物的信息输入系统中,需拣出货品位置所在的电子标签就会亮灯、发出蜂鸣,同时显示出该位置所需分货的数量,分拣员可根据这些信息进行快速分拣作业。因为DAS系统是依据商品和部件的标识号来进行控制的,所以每个商品上的条形码是支持DAS系统的基本条件。当然,在没有条形码的情况下,也可通过手工输入的办法来解决。

电子标签用于物流配送,能有效提高出库效率,并适应各种苛刻的作业要求,尤其在零散货品配送中具有绝对优势,在连锁配送、药品流通场合以及冷冻品、服饰、音像制品物流中有广阔的应用前景。而DPS和DAS是电子标签针对不同物流环境的灵活运用。一般来说,DPS适合多品种、短交货期、高准确率、大业务量的情况下采用;而DAS则较适合品种集中、多客户的情况下采用。

5. 自动分拣系统(automated sorting system)

自动分拣系统是第二次世界大战后,美国、日本的物流中心广泛采用的一种自动分拣系统,该系统目前已经成为发达国家大中型物流中心不可缺少的一部分。

(1) 系统的组成

自动分拣系统一般由控制装置、分类装置、输送装置及分拣道口组成。

控制装置的作用是识别、接收和处理分拣信号,根据分拣信号的要求指示分类装置按商品品种、商品送达地点或按货主的类别对商品进行自动分类。这些分拣需求可以通过不同方式,如可通过条形码扫描、色码扫描、键盘输入、重量检测、语音识别、高度检测及形状识别等方式,输入到分拣控制系统中去,根据对这些分拣信号进行判断,来决定某一种商品该进入哪一个分拣道口。

分类装置的作用是根据控制装置发出的分拣指示,当具有相同分拣信号的商品经过该装置时,该装置动作,改变在输送装置上商品的运行方向,使其进入到其他输送机或分拣道口。分类装置的种类很多,一般有推出式、浮出式、倾斜式和分支式几种,不同的装置对分拣货物的包装材料、包装重量、包装物底面的平滑程度等有不同的要求。

输送装置的主要组成部分是传送带或输送机，其主要作用是使待分拣商品鱼贯通过控制装置、分类装置，经输送装置的两侧，一般要连接若干分拣道口，使分好类的商品落至主输送机（或主传送带），以便进行后续作业。

分拣道口是已分拣商品脱离主输送机（或主传送带）进入集货区域的通道，一般由钢带、皮带、滚筒等组成滑道，使商品从主输送装置滑向集货站台，在那里由工作人员将该道口的所有商品集中后或是入库储存，或是组配装车并进行配送作业。

以上四部分装置通过计算机网络联结在一起，配合人工控制及相应的人工处理环节构成一个完整的自动分拣系统。

（2）自动分拣系统的主要特点

① 能连续、大批量地分拣货物。因采用大生产中使用的流水线自动作业方式，所以自动分拣系统不受气候、时间、人的体力等的限制，可以连续运行。同时，由于自动分拣系统单位时间分拣件数多，因此自动分拣系统可以连续运行100小时以上，每小时可分拣7 000件包装商品。如采用人工则每小时只能分拣150件左右，同时分拣人员也不能在这种劳动强度下连续工作8小时。

② 分拣误差率极低。自动分拣系统的分拣误差率的大小，主要取决于所输入分拣信息的准确性的大小，这又取决于分拣信息的输入机制，如果采用人工键盘或语音识别方式输入，则误差率在3%以上；如采用条形码扫描输入，除非条形码的印刷本身有差错，否则不会出错。因此，目前自动分拣系统主要采用条形码技术来识别货物。

③ 分拣作业基本实现无人化。国外建立自动分拣系统的目的之一就是为了减少人员的使用，减轻劳动强度，提高人员的使用效率，因此自动分拣系统能最大限度地减少人员，基本做到无人化。分拣作业本身并不需要使用人员，人员的使用仅局限于以下工作：

- 送货车辆抵达自动分拣线的进货端时，由人工接货。
- 由人工控制分拣系统的运行。
- 分拣线末端由人工将分拣出来的货物进行集载、装车。
- 自动分拣系统的经营、管理与维护。

如美国一公司配送中心面积为10万平方米左右，每天可分拣近40万件商品，仅使用员工400名左右，其中部分人员从事上述四项工作，自动分拣线做到了无人化作业。

（3）自动分拣系统的适用条件

第二次世界大战以后，自动分拣系统逐渐开始在西方发达国家投入使用，成为发达国家物流中心、配送中心或流通中心所必需的设施条件之一，但因其要求使用者必须具备一定的技术和经济条件，因此，在发达国家，物流中心不采用自动分拣系统的情况也很普遍。在引进和建设自动分拣系统时一定要考虑以下条件：

1）一次性投资巨大

自动分拣系统本身需要建设短则40～50米，长则150～200米的机械传输线，还有配套的机电一体化控制系统、计算机网络及通信系统等，这一系统不仅占地面积大，动辄2万平方米以上，而且一般自动分拣系统都建在自动主体仓库中，这样就要建3～4层楼高的立体仓库，库内需要配备各种自动化的搬运设施，这丝毫不亚于建立一个现代化工厂所需要的硬件投资。

这种巨额的先期投入要花10～20年才能收回，如果没有可靠的货源作保证，则有可能系统大都由大型生产企业或大型专业物流公司投资，小企业无力进行此项投资。

2）对商品外包装要求高

自动分拣机只适于分拣底部平坦且具有刚性的包装规则的商品。袋装商品、包装底部柔软且凹凸不平、包装容易变形、易破损、超长、超薄、超重、超高、不能倾覆的商品均不能使用普通的自动分拣机进行分拣，因此为了使大部分商品都能用机械进行自动分拣，可以采取两条措施：

一是推行标准化包装，使大部分商品的包装符合国家标准；

二是根据所分拣的大部分商品的统一的包装特性定制特定的分拣机。但要让所有商品的供应商都执行国家的包装标准是很困难的，定制特殊的分拣机又会使硬件成本上升，并且越是特殊的其通用性就越差。因此公司要根据经营商品的包装情况来确定是否建或建什么样的自动分拣系统。

【任务小结】

本项目介绍了物流的两大主要功能——仓储与配送中常用的技术装备和设施。仓储与配送相辅相成。通过本项目的学习，应明确仓储的基本作业流程，掌握配送的组织方式和不同配送的适用对象，能够根据不同需要选用合理的仓储设备，并且了解现代配送技术的作用与特点。

任务4 包装与流通加工技术

【引导案例】

日本印刷株式会社产品包装贯彻环境意识的四个原则：(1) 包装材料减量化原则。采用减少容器厚度、薄膜化、削减层数、变更包装材料等方法。(2) 使用后包装体积减小原则。采用箱体凹槽、纸板箱表面压痕、变更包装材料等方法，使体积变小，方便回收。(3) 再循环使用原则。采用易分离的纸容器，纸盒里面放塑料薄膜，使用完毕后，纸、塑分离，减少废弃物，方便处理；还有一种被采用的为易分离的热塑成型的容器。(4) 减轻环境污染原则。在包装产品的材料、工艺等方面进行改进，减少生产过程中二氧化碳(CO_2)的排放量，保护环境。

思考：1. 为什么日本企业采用包装材料减量化原则？

2. 新型包装较传统包装有哪些改进？

4.1 物流包装

4.1.1 包装的基础知识

在现代物流观念形成以前，包装被天经地义地看成生产过程的终点，因而一直是生产领域的活动。包装的设计往往要从生产终结的要求出发，常常不能满足流通的要求。

就包装与运输的关系而言，为降低成本，充分发挥包装的功能，包装要考虑运输的方式；就包装与搬运的关系而言，如果用手工搬运，应按人工可以胜任的重量单位进行包装；就包装与储存保管的关系而言，货物在仓库保管时，如果需要码高，那么最下面货物的包装，应能承受压在上面的货物的总重量。

《中华人民共和国国家标准物流术语》(GB/T 4122.1—1996)中将包装明确定义为："为在流通过程中保护产品，方便储运，促进销售，按一定技术方法而采用的容器、材料和辅助材料的总体名称，也指为了达到上述目的而采用容器、材料和辅助物的过程中施加一定技术方法等的操作活动。"

1. 包装的作用

物品生产出来之后，进入流通之前都要进行包装，包装是物流进入销售的重要工作。

① 保护商品，免受日晒、风吹、雨淋、灰尘沾染等自然因素的侵袭，防止挥发、渗漏、溶化、沾污、碰撞、挤压、散失以及盗窃等损失；

② 便于储运，如装卸、盘点、码垛、发货、收货、转运、销售计数等；

③ 美化商品、有利于促销；

④ 便于使用,包装有识别功能,不易被仿冒的包装有保护知识产权的功能,例如防伪标签。

2. 包装材料的选择

包装材料是形成包装的物质基础,是发挥包装各项作用的具体承担者。从现代包装具备的使用价值来看,包装材料应具有以下性能:保护性能、加工操作性能、外观装饰性能、方便使用性能、节约费用性能、易处理性能等。因此,包装材料的选择十分重要,它直接关系到包装质量和包装的费用,有时还影响运输、装卸搬运和仓储环节作业的进行。包装材料种类繁多,归纳起来主要有以下类别。

(1) 木质包装材料

木材是一种具有优良结构的包装材料,例如木桶、木箱、胶合板、竹制箱等。木材经加工后,制作成胶合板,其均匀性和外观则更好,而且可以减轻包装重量。但是,木材易于吸收水分、变形开裂、受白蚁蛀蚀、时有异味、再生速度较慢,近些年来木材逐渐被塑料等其他材料替代。木制包装材料如图 4-1 所示。

图 4-1 木质包装材料

(2) 纸制包装材料

纸制包装材料的应用最为普遍,既广泛地用于运输包装,也广泛地用于销售包装。例如:纸蜂窝纸、纸袋纸、干燥剂包装纸、蜂窝纸板、牛皮纸工业纸板、蜂窝纸芯。纸制包装材料的优点是重量轻,成型性和折叠性好,便于加工,容易达到卫生要求,无毒、无味,成本低,而且废弃物便于回收和处理等。它的缺点是:容易受潮、强度较差、透明性差等。为了加强纸质包装的强度,在制作工艺中加入了农作物秸秆,制成强度较大的瓦楞纸包装,强度可与木质包装材料媲美,受潮性有所缓解,但是在湿度过大的环境中仍旧无法长时间使用。纸质包装材料如图 4-2 所示。

(3) 塑料包装材料

塑料也是一种常用的包装材料,其优点是气密性好,防潮,容易成型和封口,化学稳定性好,耐酸、耐碱、耐腐蚀,透明度高等。它的缺点是一般难以处理和分解,对环境造成较大的危害,容易形成"白色污染",焚烧后会产生有害气体。

图 4 - 2　纸质包装材料

(4) 金属包装材料

常见的金属包装材料主要是钢材和铝材。它们既可以加工成具有刚性的薄板，如马口铁、铝板、合金铝板等，用于制作运输包装及销售包装的金属罐等；也可以加工成柔软性的金属箔，如铝箔、合金铝箔等，主要用作销售包装等。金属包装材料如图 4 - 3 所示。

图 4 - 3　金属包装材料

(5) 其他包装材料

① 陶瓷包装材料。陶瓷具有很强的耐腐蚀性，不变形，耐热性，装饰性较好，而且可以回收使用，适合各种液体货物的包装。其用作运输包装时，主要存放化工产品；用作销售包装时，主要用于装酒、药品和化妆品等。其缺点是易碎，包装物自身的重量较大。陶瓷包装材料如图 4 - 4 所示。

② 玻璃包装材料。玻璃包装材料具有与陶瓷包装材料相近的特点和用途，所不同的是玻璃的透明性较好，且原材料丰富、价格便宜。但包装高档商品时，档次显得不如陶瓷高。玻璃包装材料如图 4 - 5 所示。

③ 草制包装材料。用天然的草类植物编制成草席、蒲草、草袋等，可以作为包装材料。这种包装材料较为落后，外形不美观，防水、防潮性能也很差，同时，强度也很低，已逐渐被淘汰。美国规定，为防止植物病虫害的传播，禁止使用稻草做包装材料。草制包装材料如图 4 - 6 所示。

图 4－4　陶瓷包装材料

图 4－5　玻璃包装材料

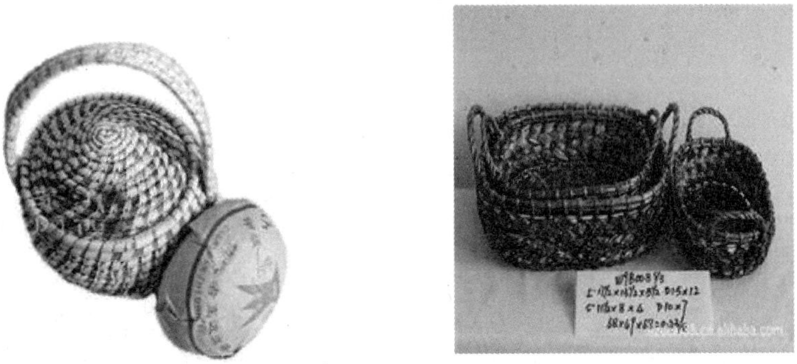

图 4－6　草制包装材料

④ 纤维包装材料。纤维包装材料是指用各种天然纤维(如黄麻、红麻、大麻、棉花等)和合成纤维(如合成树脂、玻璃纤维等)制成的袋装容器,适合装载不怕挤压的货物或价值较低的货物。纤维包装材料如图 4－7 所示。

⑤ 复合包装材料。复合包装是指将两种或两种以上的包装材料结合在一起使用,可以充分发挥不同包装材料各自的优势,达到相辅相成的效果。复合包装材料如图 4－8 所示。

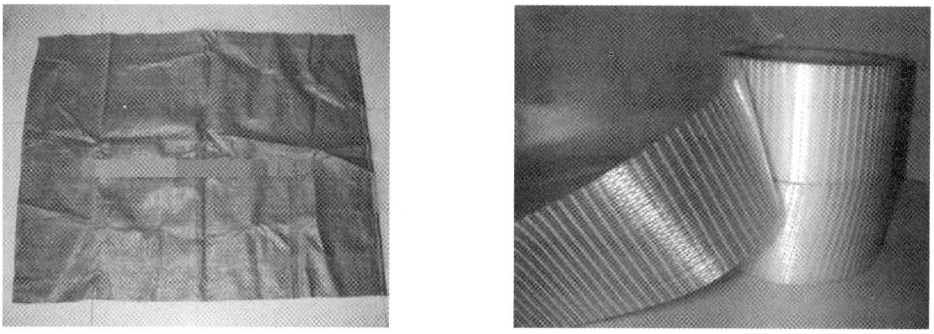

图 4-7　纤维包装材料

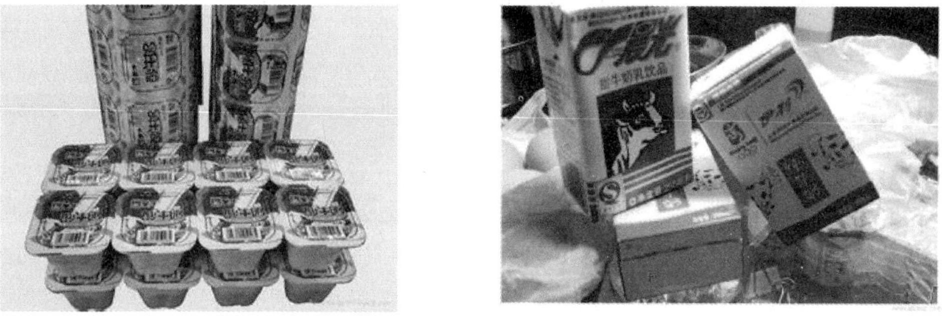

图 4-8　复合包装材料

4.1.2　包装技术

商品包装操作既包括技术处理，又包括填充、封口、捆扎、裹合、加标和捡重等技术活动。商品包装技术是在包装作业时采用的技术和方法。任何一个产品包装在制作和操作过程中都存在技术、方法问题。通过对产品包装等进行合理的技术处理，才能使产品包装形成一个高质量的有机整体。研究产品包装技术的目的是以最低的材料消耗和资金消耗，保护产品、节省材料、缩小体积、减轻重量，保证将产品完美地送到用户手中。

1. 商品包装的一般方法

(1) 对内装物的合理置放、固定和加固

在方形的容器中装进形状各异的产品时，必须要注意产品的合理置放和加固，以达到缩小体积、节省材料、减少损失的目的。例如，对于外形规则的产品，要注意套装；对于薄弱的部件，要注意加固；包装内的重量注意均衡；产品与产品之间要注意隔离和固定等。

(2) 压缩松泡产品的体积

对于羽绒服、枕芯、絮被、毛线等松泡产品，包装时占用容器的容积太大，会导致运输储存费用增高，所以对于松泡产品需要压缩体积。其有效方法是真空包装技术，它可以大大缩小松泡产品的体积。

(3) 合理地选择外包装形状尺寸

有的商品运输包装件需要装入集装箱，这就存在包装件与集装箱之间的尺寸配合问题。如果配合得好，在装箱时不会出现空隙，能有效地利用箱容，并有效地保护商品。在外包装形状尺寸的选择中，要避免过高、过扁、过大、过重等。过高的包装会重心不稳，不易堆垛；过扁则会给标志刷字和标志的辨认带来困难；过大包装量太多，不易销售，而且体积大也会给流通带来困难；过重纸箱则容易破损。

(4) 合理地选择内包装(盒)形状尺寸

内包装(盒)一般属于销售包装。在选择其形状尺寸时，要与外包装(尺寸)相配合。内包装(盒)的底面尺寸必须与包装模数协调，而且高度也应与外包装高度相匹配。当然内包装的形状尺寸还应考虑产品的置放和固定。但它作为销售包装，更重要的是应考虑有利于销售，包括有利于展示、购买携带等。例如，展销包装多属于扁平式，较少使用立方形，就是应销售需要而形成的。一盒送礼的巧克力，做成扁形就比较醒目、大方，如果做成立方体，产生的效果就会有所不同。

(5) 包装外捆扎

包装外捆扎对运输包装起着重要的作用，有时还是关键性的作用。捆扎的直接目的是将单个物件或数个物件捆紧，以便于运输、储存和装卸。捆扎能防止失盗而保护内包装物品，能压缩容积而减少保管费用和运费，能加固容器。

捆扎有多种方法，一般根据包装形态、运输方式、容器强度、内装物重量等不同情况分别采用井字、十字、双十字和平行捆扎等不同的方法。对于体积不大的普通运输包装，捆扎一般在打包机上进行。而对于托盘这种集合包装，用普通方法捆扎费工费力，所以发展形成了新的捆扎方法，即收缩薄膜包装技术和拉伸薄膜包装技术。收缩薄膜包装技术是用收缩薄膜裹包集装的物件，然后对裹包好的物件进行适当的热处理，使薄膜收缩而紧紧贴于物件上，使集装的物件固定为一体；拉伸薄膜包装技术是一种新的包装技术，它是依靠机械装置，在常温下将弹性薄膜围绕包装件伸拉、裹紧，最后在其末端进行封口而成，薄膜的弹性也使集装的物件紧紧固定为一体。

2. 商品包装的特殊技法

(1) 缓冲包装技法

缓冲包装技法又称防震包装技法，可使包装物品免受外界的冲击、振动，从而防止物品损伤。缓冲包装结构是指对产品、包装容器、缓冲器材进行系统考虑后，所采用的缓冲固定方式。一个典型的缓冲包装结构有 5 层：产品(包括内衬)、内包装盒(箱)内的缓冲衬垫、包装盒(箱)、外包装内的缓冲衬垫、外包装箱。而一般的缓冲包装结构为 3 层：产品(内衬)、包装箱内缓冲衬垫和包装箱。缓冲包装如图 4－9 所示。

(2) 防潮包装技法

防潮包装技法就是采用防潮材料对产品进行包装，以消除外部空气相对湿度变化对产品的影响，使得包装内的相对湿度符合产品的要求，从而保护产品的质量。防潮包装技法的目标是保持产品质量，采取的基本措施是以包装来避免外部空气湿度的变化给产品带来的影响。

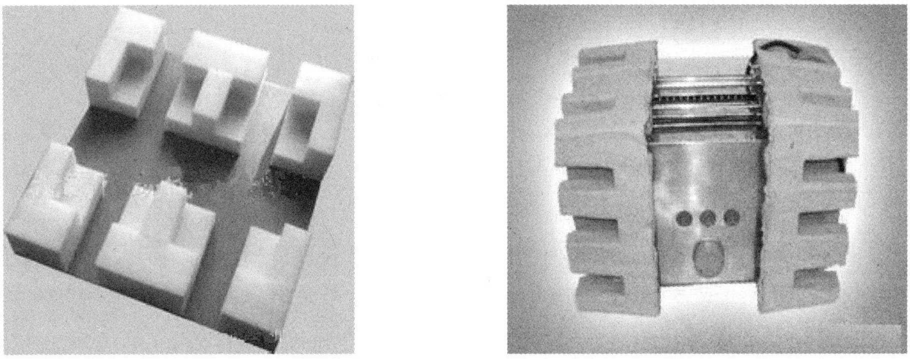

图 4－9　缓冲包装

实施防潮包装是用低透湿度或透湿度为零的材料，将被包装物与外界潮湿大气相隔绝。防潮包装如图 4－10 所示。

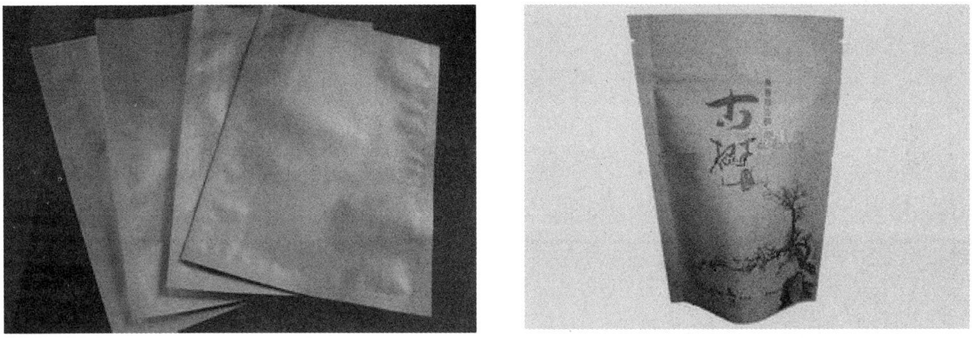

图 4－10　防潮包装

主要防潮包装技法有刚性容器密封包装、加干燥剂密封包装、不加干燥剂密封包装、多层密封包装、复合薄膜真空包装、复合薄膜充气包装和热收缩薄膜包装等。

（3）防锈包装技法

防锈包装技法是运输金属制品与零部件时，为了防止其生锈所采用的包装技术和方法。其目的是消除和减少致锈的各种因素，采取适当的防锈处理，在运输和储存中防止防锈材料的功能受到损伤，也防止一般性的外部物理性破坏。防锈包装技法是按清洗、干燥、防锈处理和包装等步骤逐步进行的，一般采用金属表面涂覆防锈材料、气相蚀剂、塑料封存等方法。

（4）防霉包装技法

防霉包装是在流通与储存过程中，为防止内装物受霉菌影响而采取一定防护措施的包装。例如，对内装物进行防潮包装，降低包装容器的相对湿度，对内装物和包装材料进行防霉处理等。防霉包装能使包装及其内装物处于霉菌被抑制的特定条件下，保持其质量完好和延长保存期限。根据产品和包装的性能和要求的不同，要采用不同的防霉途径和措施。

（5）防虫包装技法

商品在流通过程中要在仓库储存，而储存中主要的危害之一是仓虫。仓虫不仅蛀食商品和包装材料，而且其排泄物会污染商品。防虫包装就是为了保护内装物免受虫类侵害而采取的具有一定防护措施的包装。例如在包装材料中掺入杀虫剂,有时也会在包装容器中使用驱虫剂、杀虫剂或脱氧剂,以增强防虫效果。

(6) 危险品包装技法

危险品种类繁多,按其危险性质,交通运输及公安消防部门规定了10类,即爆炸性物品、氧化剂、压缩空气和液化气体、自燃物品、遇水燃烧物品、易燃液体、易燃固体、毒害品、腐蚀性物品、放射性物品,有些物品同时具有两种以上危险性。

对于危险品应根据其不同的危险性质采取相应的包装技法,例如防爆可采用塑料桶包装,然后将塑料桶装入铁桶或木箱中,并设有自动放气装置;对有腐蚀性的商品采用涂有防腐涂料的金属类容器;对有毒商品主要采取包装严密不漏气并与外隔绝的包装等。

(7) 集合包装技法

集合包装是将一定数量的包装件或包装产品,装入具有一定规格、一定强度和可长期周转使用的更大的包装容器内,形成一个合适的搬运单元。包装容器包括集装箱、集装托盘、集装袋、滑片集装、框架集装和无托盘集装等。

3. 合理的物流包装措施

(1) 不合理的包装现象

整个包装链中一般存在7种浪费现象。而最近出现的"精益包装管理",其目的就是尽力消除这7种浪费。这7种浪费分别是:

① 过度包装浪费;

② 对内装产品保护不足带来的残次品浪费;

③ 不必要的包装库存量浪费;

④ 不适当的包装作业过程浪费;

⑤ 运输过程中因包装材料选择、包装设计、包装组合不合理造成的非优化浪费;

⑥ 仓储过程中因包装设计不合理带来的浪费;

⑦ 销售过程中因包装不合理带来的浪费。

(2) 包装合理化

包装合理化的基本要求是指包装能够有效地实现其各项基本功能,并且能够符合经济性、合理性和可持续发展性的原则。要做到包装合理化,需要满足以下一些基本要求:

① 能有效保护内装物品。包装应该能够有效地保护内装物品,防止物品变质和保证它的品质。在选择包装材料时,应注重考察包装材料的防潮性、耐腐蚀性、耐热耐寒性等,确保包装材料、包装容器、包装方法具有保护产品品质的要求。

② 包装容量、重量适度。不同的装卸搬运方式决定了包装的容量、重量的大小。在人力装卸搬运的情况下,包装的重量以控制在搬运工人体重的40%之内为宜。包装的外形及尺寸与装卸效率有关。采用机械进行装卸搬运,要考察不同机械设备的承载重量。

③ 具有经济合理性。经济合理性的要求如下:

第一,在性能相同的情况下,优先选择成本较低的包装材料。

第二,包装费用必须与其内装物品的价值相适应。一般来说,大多说普通商品的包装费用应低于商品售价的15%。当然,这种比率因不同的商品而有较大的差距,例如,对于纯净水而言，塑料瓶起很大的作用，包装费用的比率超过 15%是合理的；而手纸的包装所起的作用较小，包装费用即使只有 10%也是不合理的。

第三，包装应适度，避免出现过度包装的现象。

④ 符合绿色发展潮流。首先，要求包装材料对人体无毒，不会与内装物品发生化学反应而产生有害的物质。其次，要求包装材料符合环保的特点，能够重复使用，或者容易被降解，不污染环境，近年来逐渐推广使用的可降解塑料包装就符合绿色发展的要求。最后，在强度、使用寿命、成本相同的条件下，应追求包装的轻薄化。这样，不但可以提高装卸搬运、运输的效率，而且可以减少废弃的包装材料的数量和无谓的资源消耗。

要达到上述要求，实现包装合理化，有必要进行认真的调查研究，合理地选择包装材料、包装容器、包装技术和包装标志。

简单来说，包装合理化可以通过下列途径优化设计：

- 包装轻薄化；
- 包装简单化；
- 包装标准化；
- 包装机械化；
- 包装绿色化。

4.2　流通加工技术

4.2.1　流通加工的基础知识

1. 流通加工的概念

国标《物流术语》中将流通加工定义为：为了提高物流速度和物品的利用率，在物品进入流通领域后，按客户的要求进行的加工活动，即在物品从生产者向消费者流动的过程中，为了促进销售、维护商品质量和提高物流效率，对物品进行一定程度的加工。流通加工通过改变或完善流通对象的形态来实现“桥梁和纽带”的作用，因此流通加工是流通中的一种特殊形式。

流通加工（distribution processing）是物品在从生产地到使用地的过程中，根据需要施加包装、分割、计量、分拣、刷标志、拴标签、组装等简单作业的总称。

2. 流通加工的特点和作用

（1）流通加工的特点

与生产加工相比较，流通加工具有以下特点：

1）加工对象

流通加工的对象是进入流通过程的商品，具有商品的属性，以此来区别多环节生产加工中的一环。流通加工的对象是商品，而生产加工的对象不是最终产品，而是原材料、零配件或半成品。

2）加工程度

流通加工大多是简单加工，而不是复杂加工，一般来讲，如果必须进行复杂加工才能形成人们所需的商品，那么，这种复杂加工应该专设生产加工过程。生产过程理应完成大部分加工活动，流通加工则是对生产加工的一种辅助及补充。特别需要指出的是，流通加工绝不是对生产加工的取消或代替。

3）价值观点

生产加工的目的在于创造价值及使用价值，而流通加工的目的则在于完善其使用价值，并在不做大的改变的情况下提高其价值。

4）加工责任人

流通加工的组织者是从事流通工作的人员，能密切结合流通的需要进行加工活动。从加工单位来看，流通加工由商业或物资流通企业完成，而生产加工则由生产企业完成。

5）加工目的

商品生产是为交换、为消费而进行的生产，而流通加工的一个重要目的是为了消费（或再生产）所进行的加工，这一点与商品生产有共同之处。但是流通加工有时候也是以自身流通为目的，纯粹是为流通创造条件，这种为流通所进行的加工与直接为消费进行的加工在目的上是有所区别的，这也是流通加工不同于一般生产加工的特殊之处。

（2）流通加工的作用

在物流中，运输（空间效用）和储存（时间效用）是主要功能要素，流通加工也是不可或缺的功能要素，具有补充、完善、提高与增强的作用，能起到运输、储存等其他功能要素无法起到的作用。例如，由于现代社会生产的相对集中（少品种、大批量、专业化）和消费者的相对分散（多品种、小批量、个性化），生产和消费的需要往往不能密切衔接，而通过流通加工就可以较为有效地解决这个供需矛盾。所以，流通加工的产生实际是现代生产发展的一种必然趋势，流通加工是提高物流水平，促进流通向现代化发展的不可缺少的形态。

流通加工并非在所有的物流活动中都必须存在，其作用可以归结为以下几个方面：

1）提高原材料利用率

通过流通加工进行集中下料，将生产厂商直接运来的简单规格的产品，按用户的要求进行下料。例如将钢板进行剪板、裁切；将木材加工成各种长度及大小的板、方等。集中下料可以优材优用、小材大用、合理套裁，明显地提高原材料的利用率，有很好的技术经济效果。

2）方便用户

用量小或为满足临时需要的用户，不具备进行高效率初级加工的能力，通过流通加工可以使用户省去进行初级加工的投资、设备、人力，方便了用户。目前发展较快的初级加工有：将水泥加工成混凝土，将原木或板、方材加工成门窗，钢板预处理、整形等。

3）加工效率及设备利用率

在分散加工的情况下，加工设备由于受生产周期和生产节奏的限制，设备利用时松时紧，使得加工过程不均衡，设备加工能力不能得到充分发挥。而流通加工面向全社会，加工数量大、范围广、任务多。这样可以通过建立集中加工点，采用一些效率高、技术先进、加工量大的专门机具和设备，一方面提高了加工效率和加工质量，另一方面提高了设备利用率。

3. 流通加工的主要类型

根据不同的目的，流通加工具有不同的类型：

(1) 适应多样化需要

生产部门为了实现高效率、大批量的生产，其产品往往不能完全满足用户的要求。为了满足用户对产品多样化的需要，同时又要保证高效率的大生产，可将生产出来的单一化、标准化的产品进行多样化的改制加工。例如，对钢材卷板的舒展、剪切加工；平板玻璃按需要规格的开片加工；木材改制成枕木、板材、方材等的加工。

(2) 方便消费、省力

根据下游生产的需要，将商品加工成生产直接可用的状态。例如，根据需要将钢材定尺、定型，按要求下料；将木材制成可直接投入使用的各种型材；将水泥制成混凝土拌合料，使用时只需稍加搅拌即可使用等。

(3) 保护产品

在物流过程中，为了保护商品的使用价值，延长商品在生产和使用期间的寿命，防止商品在运输、储存、装卸搬运、包装等过程中遭受损失，可以采取稳固、改装、保鲜、冷冻、涂油等方式。例如，为水产品、肉类、蛋类的保鲜保质而进行的冷冻加工、防腐加工等；丝、麻、棉织品的防虫、防霉加工等。还有，为防止金属材料的锈蚀而进行的喷漆、涂防锈油，运用手工、机械或化学方法除锈等措施；木材的防腐朽、防干裂加工；煤炭的防高温自燃加工；水泥的防潮、防湿加工等。

(4) 弥补生产加工的不足

由于受到各种因素的限制，许多产品在生产领域的加工只能到一定程度，而不能完全实现终极的加工。例如，木材如果在产地完成成材加工或制成木制品的话，就会给运输带来极大的困难，所以，在生产领域只能加工到圆木、板、方材这个程度，进一步的下料、切裁、处理等加工则由流通加工完成；钢铁厂大规模的生产只能按规格生产，以使产品有较强的通用性，从而使生产能有较高的效率，取得较好的效益。

(5) 促进销售

流通加工也可以起到促进销售的作用。比如，将过大包装或散装物分装成适合依次销售的小包装的分装加工；将以保护商品为主的运输包装改换成以促进销售为主的销售包装，以起到吸引消费者、促进销售的作用；将蔬菜、肉类洗净切块以满足消费者的要求等。

(6) 提高加工效率

许多生产企业的初级加工由于数量有限，加工效率不高。而流通加工以集中加工的形式，解决了单个企业加工效率不高的弊病。它以一家流通加工企业的集中加工代替了若干家生产企业的初级加工，促使生产水平有了一定的提高。

(7) 提高物流效率

有些商品本身的形态使之难以进行物流操作,而且商品在运输、装卸搬运过程中极易受损,因此需要进行适当的流通加工加以弥补,从而使物流各环节易于操作,提高物流效率,降低物流损失。例如,造纸用的木材磨成木屑的流通加工,可以极大地提高运输工具的装载效率;自行车在消费地区的装配加工可以提高运输效率,降低损失;石油气的液化加工,使很难输送的气态物转变为容易输送的液态物,也可以提高物流效率。

(8) 衔接不同的运输方式

在干线运输和支线运输的结点设置流通加工环节,可以有效解决大批量、低成本、长距离的干线运输与多品种、少批量、多批次的末端运输和集货运输之间的衔接问题。在流通加工点与大生产企业间形成大批量、定点运输的渠道,以流通加工中心为核心,组织对多个用户的配送,也可以在流通加工点将运输包装转换为销售包装,从而有效衔接不同目的的运输方式。比如,散装水泥中转仓库把散装水泥装袋,将大规模散装水泥转化为小规模散装水泥的流通加工,就衔接了水泥厂大批量运输和工地小批量装运的需要。

4.2.2 流通加工的合理化管理

流通加工合理化的含义是实现流通加工的最优配置,也就是对是否设置流通加工环节、在什么地方设置、选择什么类型的加工、采用什么样的技术装备等问题做出正确抉择,不仅要避免各种不合理的流通加工形式,而且要做到最优。

1. 不合理的流通加工形式

(1) 流通加工地点设置得不合理

现代物流中,加工地点的位置是决定流通加工是否有效的重要因素。

为了衔接单品种大批量生产过程,加工地点应设置在需求地,即消费地,才能实现干线运输与末端配送相结合的优势。而为方便物流的流通加工环节则应该设置在生产地,如果将其设置在消费地,不但不能解决物流问题,又在流通中增加了中转环节,因而也是不合理的。

即使是产地或需求地设置流通加工的选择是正确的,还有流通加工在小地域范围内的正确选址问题。如果处理不善,仍然会出现不合理。比如说交通不便,流通加工与生产企业或用户之间距离较远,加工点周围的社会环境条件不好等。

(2) 流通加工方式选择不当

流通加工方式包括流通加工对象、流通加工工艺、流通加工技术、流通加工程度等。流通加工方式的确定实际上是与生产加工的合理分工。分工不合理,把本来应由生产加工完成的作业错误地交给流通加工来完成,或者把本来应由流通加工完成的作业错误地交给生产过程去完成,都是不合理的。

流通加工不是对生产加工的代替,而是一种补充和完善。所以,一般来说,如果工艺复杂,技术装备要求较高,或加工可以由生产过程延续或轻易解决的,都不宜再设置流通加工。如果流通加工方式选择不当,就可能会出现与生产争利的局面。

(3) 流通加工作用不大,形成多余环节

有的流通加工过于简单,或者对生产和消费的作用都不大,甚至有时由于流通加工的盲目性,同样未能解决品种、规格、包装等问题,相反却增加了作业环节,这也是流通加工不合理的重要表现形式。

(4) 流通加工成本过高,效益不好

流通加工的一个重要优势就是它有较大的投入产出比,因而能有效地起到补充、完善的作用。如果流通加工成本过高,则不能实现以较低投入实现更高使用价值的目的,势必会影响经济效益。

2. 实现合理化的途径

要实现流通加工的合理化,主要应从以下几个方面加以考虑:

(1) 加工和配送结合

就是将流通加工设置在配送点中。一方面按配送的需要进行加工,另一方面加工又是配送作业流程中分货、拣货、配货的重要一环,加工后的产品直接投入到配货作业,这就无须单独设置一个加工的中间环节,而使流通加工与中转流通巧妙地结合在一起。同时,由于在配送之前做了必要的加工,可以使配送服务水平大大提高,这是当前对流通加工作合理选择的重要形式,在煤炭、水泥等产品的流通中已经表现出较大的优势。

(2) 加工和配套结合

配套是指对使用上有联系的用品集合成套地供应给用户使用。例如,方便食品的配套。当然,配套的主体来自各个生产企业,如方便食品中的方便面,就是由其生产企业配套生产的。但是,有的配套不能由某个生产企业全部完成,如方便食品中的盘菜、汤料等。这样,在物流企业进行适当的流通加工,可以有效地促成配套,大大提高流通作为供需桥梁与纽带的能力。

(3) 加工和合理运输结合

我们知道,流通加工能有效衔接干线运输和支线运输,促进两种运输形式的合理化。利用流通加工,在支线运输转干线运输或干线运输转支线运输等这些必须停顿的环节,不进行一般的支转干或干转支,而是按干线或支线运输合理的要求进行适当加工,从而大大提高运输及运输转载水平。

(4) 加工和合理商流结合

流通加工也能起到促进销售的作用,从而使商流合理化,这也是流通加工合理化的方向之一。通过流通加工,提高了配送水平,促进了销售,使加工与商流合理结合。此外,通过简单地改变包装,方便消费者,购买通过组装加工,可解决用户使用前进行组装、调试的难处,都是有效促进商流的很好例证。

(5) 加工和节约结合

节约能源、节约设备、节约人力、减少耗费是流通加工合理化重要的考虑因素,也是目前我国设置流通加工并考虑其合理化的较普遍的形式。

对于流通加工合理化的最终判断,是看其是否能实现社会的和企业本身的两个效益,而且是否取得了最优效益。流通企业更应该树立社会效益第一的观念,以实现产品生产的最终利益为原则，只有在生产流通过程中不断补充、完善为己任的前提下才有生存的价值。如果只是追求企业的局部效益，不适当地进行加工，甚至与生产企业争利，这就有违流通加工的初衷，或者其本身已不属于流通加工的范畴。

3. 绿色流通加工

绿色流通加工是指在流通过程中继续对商品进行生产性加工，以使其成为更加适合消费者需求的最终产品。流通加工具有较强的生产性，也是流通部门在环境保护方面可以有大作为的领域。

绿色流通加工的途径：一方面变消费者分散加工为专业集中加工，以规模作业的方式提高资源利用效率，以减少环境污染（如餐饮服务业对食品的集中加工）；减少家庭分散烹调所造成的能源消耗；减少浪费和空气污染。另一方面是集中处理消费品加工中产生的边角废料，以减少消费者分散加工所造成的废弃物污染，如流通部门对蔬菜的集中加工减少了居民分散丢放垃圾及相应的环境治理问题。

【项目延展】

阿迪达斯公司在美国有一家超级市场，设立了组合式鞋店，摆放着的不是做好了的鞋，而是做鞋用的半成品。款式花色多样，有 6 种鞋跟、8 种鞋底，均为塑料制造，鞋面的颜色以黑色、白色为主，搭带的颜色有 80 余种，款式有百余种，顾客可以任意挑选自己喜欢的各个部分，交给店员当场进行组合。只要等待 10 分钟，一双崭新的鞋便唾手可得。

思考：流通加工的作用有哪些？

【任务小结】

通过本次任务的完成，理解包装的功能，了解物流中常见的包装材料和包装技术。对不同的物流产品提出合理的包装建议。理解现代物流中流通加工的概念与功能，了解流通加工的特点。

任务5　装卸搬运技术与装备

【引导案例】

医药公司的瓶颈

云南双鹤医药有限公司是北京双鹤这艘医药航母部署在西南战区的一艘战舰，是一家以市场为核心、现代医药科技为先导、金融支持为框架的新型公司，是西南地区经营药品品种较多、较全的医药专业公司。

虽然云南双鹤已形成规模化的产品生产和网络化的市场销售，但其流通过程中物流管理严重滞后，造成物流成本居高不下，不能形成价格优势。这严重阻碍了物流服务的开拓与发展，成为公司业务发展的“瓶颈”。

装卸搬运活动是衔接物流各环节活动正常进行的关键，而云南双鹤恰好忽视了这一点，由于搬运设备的现代化程度低，只有几个小型货架和手推车，大多数作业仍处于人工作业为主的原始状态，工作效率低，且易损坏物品。另外仓库设计得不合理，造成长距离的搬运。并且库内作业流程混乱，形成重复搬运，大约有70%的无效搬运，这种过多的搬运次数，损坏了商品，也浪费了时间。

通过阅读以上案例，回答下列问题：

1. 分析装卸搬运环节对企业发展的作用。

2. 针对医药企业的特点，请对云南双鹤医药有限公司的搬运系统的改造提出建议和方法。

5.1　装卸搬运的基础知识

5.1.1　装卸搬运的概念

在同一地域范围内（如车站范围、工厂范围、仓库内部等）以改变“物”的存放、支承状态的活动称为装卸，以改变“物”的空间位置的活动称为搬运，两者全称装卸搬运。有时候或在特定场合，单称“装卸”或单称“搬运”也包含了“装卸搬运”的完整含义。在习惯使用中，物流领域（如铁路运输）常将装卸搬运这一整体活动称作“货物装卸”；在生产领域中常将这一整体活动称作“物料搬运”。实际上，活动内容都是一样的，只是领域不同而已。

装卸是指：“物品在指定地点以人力或机械装入运输设备或卸下。”搬运是指：“在同一场所内，对物品进行水平移动为主的物流作业。”

装卸主要指物体上下方向的移动。而搬运主要指物体横向或斜向的移动。通常装卸搬运是合在一起用的。

5.1.2 装卸搬运在物流中的地位

装卸活动的基本动作包括装车(船)、卸车(船)、堆垛、入库、出库以及联结上述各项动作的短程输送,是随运输和保管等活动而产生的必要活动。

在物流过程中,装卸活动是不断出现和反复进行的,它出现的频率高于其他各项物流活动,每次都要花费很长时间,所以往往成为决定物流速度的关键。装卸活动所消耗的人力也很多,所以装卸费用在物流成本中所占的比重也较高。以我国为例,铁路运输的始发和到达的装卸作业费大致占运费的20%左右,船运占40%左右。因此,降低物流费用,装卸是重要环节。

此外,进行装卸操作时往往需要接触货物,因此,这是在物流过程中造成货物破损、散失、损耗、混合等损失的主要环节。例如袋装水泥纸袋破损和水泥散失主要发生在装卸过程中,玻璃、机械、器皿、煤炭等产品在装卸时最容易造成损失。

由此可见,装卸活动是影响物流效率、决定物流技术经济效果的重要环节。

为了说明上述看法,列举几个数据如下:

① 据我国统计,火车货运以500公里为分界点,运距超过500公里的,其运输在途时间多于起止的装卸时间;运距低于500公里的,其装卸时间则超过实际运输时间。

② 美国与日本之间的远洋船运,一个往返需25天,其中运输时间13天,装卸时间12天。

③ 据我国对生产物流的统计,机械工厂每生产1吨成品,需进行252吨次的装卸搬运,其成本为加工成本的15.5%。

5.1.3 装卸搬运技术

物流过程中的装卸搬运在运输、仓储及流通加工之间起桥梁作用。装卸搬运包括装货、卸货、堆场(仓库)货物的入库和出库等。

1. 基本作用

其基本作用主要分为以下几个方面:

① 装卸,即将货物装上或卸下运输工具。

② 搬运,即将货物在短距离内移动。

③ 堆码,即将物品或包装货物进行码放、堆垛等。

④ 取出,即将物品从保管场所取出。

⑤ 分类,即将物品按品种、发出方向、顾客要求等进行分类。

⑥ 集货,即将货品备齐,以便随时装货。

装卸搬运与运输的主要区别是,运输活动是指货物在不同物流节点之间的长距离的移动,而装卸搬运则是指货物在某一物流节点范围内进行的短距离的移动。

2. 装卸搬运的特点

装卸搬运在整个物流过程中占有很重要的位置：一方面，物流过程各环节之间的衔接，是依赖装卸搬运活动把它们有机地结合起来，从而使物品能在各环节之间形成“物流”；另一方面，各种不同的运输方式，也是依赖装卸搬运活动，才能形成联合运输。而在生产领域，装卸搬运作业已成为生产过程中不可缺少的组成部分，成为直接生产的保障系统。装卸搬运的特点主要表现在以下几个方面。

（1）附属性、伴生性

装卸搬运是物流每一项活动开始及结束时必然发生的活动，因而有时会被人忽视，有时又会被看作是其他操作时不可缺少的组成部分。例如，一般而言的“汽车运输”，就实际包含了相随的装卸搬运，仓库中泛指的保管活动，也含有装卸搬运活动。

（2）支持、保障性

装卸搬运的附属性不能理解成被动的，实际上，装卸搬运对其他物流活动有一定的决定性，装卸搬运会影响其他物流活动的质量和速度，例如，装车不当，会导致运输过程中的损失；卸放不当，会造成货物在下一步转换时困难。许多物流活动在有效的装卸搬运支持下，才能实现高水平运行。

（3）衔接性

在任何其他物流活动互相过渡时，都是以装卸搬运来衔接，因而，装卸搬运往往成为整个物流的“瓶颈”，是物流各功能之间能否形成有机联系和紧密衔接的关键，而这又是一个系统的关键。建立一个有效的物流系统，关键看这一衔接是否有效。比较先进的系统物流方式——联合运输方式就是为解决这种衔接而出现的。

5.2　装卸搬运的设施与装备

5.2.1　装卸搬运的分类

1. 按物流设施、设备为对象划分

按物流设施、设备为对象可分为仓库装卸、铁路装卸、汽车装卸、港口装卸等。

① 仓库装卸，是配合出库、入库、维护保养等活动进行，并且以堆垛、上架、取货等操作为主的整装零卸或零装整卸的一种装卸搬运方式。

② 铁路装卸，是对火车车皮的装进及卸出，特点是一次作业就能实现一车皮的装进或卸出。

③ 汽车装卸，一般一次装卸批量不大，由于汽车的灵活性，可以少或根本减去搬运活动，而直接、单纯地利用装卸作业达到车与物流设施之间货物过渡的目的。

④ 港口装卸，包括码头前沿的装船，也包括后方的支持性装、卸、运，有的港口装卸还采用

小船在码头与大船之间“过驳”的办法，因而其装卸的流程较为复杂，往往经过几次的装卸及搬运作业才能最后实现船与陆地之间货物过渡的目的。

2. 按运动方向和作业性质划分

按运动方向和作业性质划分，可分为使用吊车时的“吊上吊下”方式，使用叉车时的“叉上叉下”方式，使用半挂车或叉车时的“滚上滚下”方式，以及“移上移下”方式等。

（1）“吊上吊下”方式

采用各种起重机械从货物上部起吊，依靠起吊装置的垂直移动实现装卸，并在吊车运行或回转的范围内实现搬运，或依靠搬运车辆实现小搬运。由于吊起及放下属于垂直运动，所以这种装卸方式属垂直装卸，如图 5－1 所示。

图 5－1 “吊上吊下”方式

（2）叉上叉下方式

采用叉车从货物底部托起货物，并依靠叉车的运动进行货物位移，搬运完全靠叉车本身，货物可不经中途落地直接放置到目的处。这种方式垂直运动不大，主要是水平运动，属水平装卸方式，如图 5－2 所示。

图 5－2 叉上叉下方式

(3) 滚上滚下方式

主要是在港口进行装卸的一种水平装卸方式。利用叉车或半挂车、汽车承载货物，连同车辆一起开上船，到达目的地后再从船上开下，称“滚上滚下”方式。利用叉车的滚上滚下方式，在船上卸货后，叉车必须离船，利用半挂车、平车或汽车，则拖车将半挂车、平车拖拉至船上后，拖车开下离船而载货车辆连同货物一起运到目的地，再原车开下或拖车上船拖拉半挂车、平车开下。

滚上滚下方式需要有专门的船舶，对码头也有不同的要求，这种专门的船舶称“滚装船”。滚上滚下方式如图 5-3 所示。

图 5-3　滚上滚下方式

(4) 移上移下方式

是在两车之间(如火车及汽车)进行靠接，然后利用各种方式，不使货物垂直运动，而靠水平移动从一个车辆上推移到另一车辆上，称移上移下方式。移上移下方式需要使两种车辆水平靠接，因此，对站台或车辆货台需进行改变，并配合移动工具实现这种装卸，如图 5-4 所示。

图 5-4　移上移下方式

5.2.2 装卸搬运设备的分类

装卸搬运机械是用来搬移、升降、装卸和短距离输送货物和物料的机械。装卸搬运机械的运用是实现装卸搬运机械化、自动化的物质技术基础,是实现装卸搬运合理化、效率化、省力化的重要手段。

1. 起重机械

起重机械是升降物(或人)机械设备的总称。起重机械的类型很多,根据其动作的多少,起重机械可分为单动作和复杂动作两类。单动作的起重机械主要有千斤顶、绞车和升降机,复杂动作的起重机械有桥式起重机和旋转式起重机等。按其结构、性能不同,起重机械可分为轻小型起重设备、桥式起重机、臂式起重机及升降机四种基本类型。一般起重机械只能在某一固定空间内吊运货物和人员,如龙门式起重机、桥式起重机,如图 5-5 所示。

图 5-5 起重机械

2. 输送机械

输送机械又称连续输送机械,是沿着一定的输送路线运输货物的机械,按照结构形式可分为辊式、胶带式、悬挂式等多种,如图 5-6 所示。

(a)

图 5-6 输送机

(b)

图 5-6　输送机(续)

3. 装卸搬运车辆

用于垂直和水平移动货物作业的车辆有牵引车、平板车及搬运车等,如图 5-7 所示。

图 5-7　装卸搬运车辆

4. 专用装卸搬运机械

专用装卸搬运机械指带有专用取物装置的装卸搬运机械,如托盘专用叉车(如图 5-8 所示)、集装箱装卸叉车(如图 5-9 所示)。

图 5-8　托盘专用叉车

图 5-9　集装箱装卸叉车

5.2.3 装卸搬运运作的种类

装卸可分为与运输设备对应的“装进、卸下装卸”和与储存保管设施对应的“入库、出库装卸”两大类。而这两类装卸分别伴随商品的“堆码、拆垛”,“分拣、配货”,“搬送、移送”三类基本的装卸作业。这些作业由于动作和装卸机械的不同,相应地出现了不同的作业方法。

① 堆放作业。堆放作业是把商品从预先放置的场所,移动到商品运输设备或固定设备的指定位置,再按要求的位置和形态放置商品的作业。

② 拆垛作业。拆垛作业是堆垛作业的逆向作业。

③ 分拣作业。分拣作业是在堆垛、拆垛作业的前后或在配送作业之前,把商品按品种、出入先后、货流分类(分拣分类),再分别放到规定位置的作业。图 5－10 所示为香烟自动分拣作业。

图 5－10　香烟自动分拣作业

④ 配货作业。配货作业是在往卡车等运输设备上装货前和从仓库等保管设施出库卸前发生的作业,是把商品从固定的位置,按品种、下一步作业种类、发货对象分类(配货分类)所进行的拆垛、堆放作业。

⑤ 搬送作业。搬送作业是为了进行上述各项作业而发生的,以这些作业为主要目的的移动作业。搬送包括水平、垂直、斜行搬送以及几种组合的搬送。

⑥ 移送作业。移送作业是用传送带队商品进行运送的作业。

5.3　装卸搬运的合理应用

5.3.1　装卸搬运原则

1. 装卸搬运次数最小化原则

装卸搬运活动的本身并不增加货物的价值和使用价值，相反却增加了货物损坏的可能性和成本，所以应将装卸搬运的次数控制在最小的范围内，消灭重复无效的装卸搬运作业。为此，可通过合理制订与安排作业工艺流程、采用合理的作业方式以及仓库合理设计来实现货物装卸搬运次数最小化。

2. 装卸搬运程序化原则

装卸搬运作业要遵循一定的程序，应尽量做到不停顿、不间断，像流水线一样地进行。工序之间要紧密衔接，作业路径应当最短，要按流水线形式组织装卸搬运作业。如铁路装卸，可组织1～2条流水线。装卸搬运作业流程应尽量简化，作业过程不要移船、调车，以免干扰装卸搬运作业的正常进行。对必须换装的作业，应尽量不使货物落地，直接进行换装，简化装卸程序。

3. 步步活化、省力节能原则

活化是指在装卸搬运过程中，下一步比前一步的活性指数高；省力节能指节约劳动力，降低能源消耗，是装卸搬运作业的基本要求。因此，在满足装卸搬运作业要求的前提下，应尽量实现装卸搬运作业的省力化和节能化。例如，利用重力方法进行货物的装卸搬运是最经济的手段，且方便有效；利用高度差，采用滑板、滑道等方法可节约能源。但对于重力装卸搬运必须有很好的控制措施，以防止造成产品、零件、物料的磕碰及对人员的伤害和设备的损坏。

4. 机械化原则

用各种机械代替人力的各种操作来完成装卸搬运作业即为机械化作业。机械化作业可改善劳动环境，大幅度减轻劳动强度，增强作业的安全性，提高作业效益和效率。当然，机械化程度除了技术因素外，还与装卸搬运费用的承担能力等经济要素有关。机械化原则同时也包含将人与机械合理地组合到一起，充分地发挥各自的优势。

5. 集装单元化原则

把有包装的货物单元，整齐地汇集成为一个扩大了的便于装卸搬运，并在整个物流过程中保持一定形状的作业单元，叫集装单元。以集装单元组织货物的装卸搬运、储存、运输等物流活动的作业方式，称为集装单元化。集装单元化是实现装卸搬运机械化，提高装卸搬运效率和货物质量，能够防止货物在物流过程中因磕、碰、划、丢造成的损失。

6. 系统化原则

系统化原则是将各个装卸搬运活动作为一个有机整体实施系统化管理的过程。装卸搬运作业涉及很多环节和要素，因此，应运用系统的观点对装卸搬运进行分析研究，以提高装卸搬运活动的协调性和柔性，发挥装卸搬运系统整体功能，从而适应多样化、高度化物流需求，提高装卸搬运的效率。例如，铁路车站在实践中总结的“进货为装车做准备，装车为卸货做准备，卸车为出货做准备”的作业原则，正是系统化原则的体现和应用。

7. 安全文明原则

在装卸搬运作业中，要按照装卸搬运工艺的要求进行操作，并根除一切可能导致不安全的隐患，保证货物完好无损，保障作业人员人身安全，坚持文明装卸搬运。同时，不能因装卸搬运作业而损坏装卸搬运与运载储存的设备和设施。

5.3.2 装卸搬运的作业应用

1. 散装货物的装卸搬运作业

(1) 散装货物的装卸与搬运

散装货物由于其零散性，一般使用泵、铲、传送带等或利用物体重力进行装卸，常见的有两种：一种是泥浆喷射系统。这是将固体材料粉碎成一定大小的颗粒，然后与水混合成液体的泥状物质，用泵使之通过输送管道，到达目的地后，再将水沥出，使水和固体颗粒分离。火车也可以用来输送这种泥状物。另一种是干散货物的装卸系统。干散货物的装卸系统很大，是为了适应特殊需求而设计和安装的。例如，运煤车的装卸、港口矿石的储存和装卸、谷物的储存和装卸搬运等。有时，相同的货物中有一部分采用袋装，另一部分采用散装。

不同的散装货物有着不同的装卸特点，装卸设备的结构也不同。

(2) 散装货物装卸搬运机械的运用

① 谷物的装卸搬运。散装粮食是装卸作业的传统货种，包括大米、油菜籽、大豆、木薯干等。散装粮食主要采用汽车、火车、船舶运送。散运汽车类型多样，从实载量分，有三四十吨、二十多吨、十几吨和几吨多种车型。从性能分，一是国家粮食局推荐的车型，载重三四十吨，能跑长途；二是农用车改装的车型，载重从几吨到二十几吨不等，单车投资五六万至十三四万元，大部分为液压顶升自卸(分侧卸、两侧卸和后卸三种)，少部分为两侧自流和机械动力卸粮；三是在敞式货运车或农用车上加装箱体运粮；四是利用自卸汽车、翻斗车和普通货车，内衬垫片运散粮。图 5－11 所示为玉米皮带运输。

② 煤炭的装卸搬运。来自煤矿坑口的原煤运出后经过洗选等加工过程生成成品煤，然后通过各种运输方式流向用户。原煤一般含有较高的灰分和硫分，要满足用户需求必须经过原煤混合入洗、破碎、筛分、重选、浮选、脱介等一系列环节变成合格的精煤。集运站将分散装载合并为整车装载，使之以规模化的批量进入煤炭物流主干网。煤炭换装地码头、车站货场以及集散地物流中心主要采用大型装卸搬运设备和设施，如翻车机、堆取料机、装船机和运输机等

作业。图5－12所示为煤炭的装卸搬运。

图5－11　玉米皮带运输

图5－12　煤炭的装卸搬运

2. 特种货物的装卸搬运作业

特种货物的装卸搬运作业，包括危险货物、长大货物、鲜活货物和贵重货物的装卸搬运作业等。长大货物、鲜活货物和贵重货物运输的组织与管理规定是特种货物装卸搬运作业的依据，在设备选择与作业设计中尤其要引起重视。特种货物物流的特点包括：① 货物本身的特殊性；② 载运工具的专用性；③ 储运过程的安全性；④ 监控过程的完整性；⑤ 人员素质的综合性。

(1) 超长、超限、集重货物的装卸搬运

超长、超限、集重货物在运送上对车辆及加固方法都有特殊要求，需要进行专门的研究来完成装卸搬运任务。

大件货物类型比较固定，主要有发电机定子、转子，锅炉汽包，水冷壁，除氧水箱，大板梁，上下机架，主轴，座环，导水机构，闸门启闭机，主变压器，化工反应器及一些常用军工设备等。

大件物流具有以下特点：① 大件运输的对象都具有超长、超大、超高、超重的特征，要运用牵引车、全挂板车（如图5－13所示）、低平板运输车（如图5－14所示）、各类型平板门架、汽车吊等运输工具进行接驳转运直至目的地。②大件运输的最大特点是运输前期工作复杂，运输过程对空间、技术要求高。

图 5-13 全挂平板车

图 5-14 低平板运输车

大件物流市场竞争日趋激烈，也对大件、重件、非标准件(几何中心或重心偏离)的运输、装卸搬运提出了严峻挑战，大件运输的未来发展趋势将会呈现出多种运输方式并存的大件物流发展形式的特点。公路、铁路和水路三种大件运输方式联运也将成为一种选择。

所谓重大件，指的是超过 150 吨的设备。当代全球海运业界通常把重大件货物分为：600 吨以下、600～1 000 吨、1 000 吨以上三种。尽管目前陆基吊车或者水面浮吊常常被用来帮助运输船装卸重型超大件成套设备，但是按照国际海运惯例和安全装卸规范，重型超大件设备运输船必须具备自用重型大件吊杆，而且还必须根据用户的要求不断更新和优化重型超大件吊杆，以便在比较偏僻、遥远和港口设备落后的地方，在没有港口机械设备的支持下，由船舶自行装卸重型超大件货物。

航空运输中的超重货物一般是指每件超过 150 千克的货物，但最大允许货物的重量主要还取决于飞机的机型(飞机地板承受力)、机场设施以及飞机在地面停站的时间。

(2) 危险货物的装卸搬运

危险货物是指列入《国际危险货物运输规则》，具有爆炸、易燃、毒害、腐蚀、放射性等特性，在水路运输、港口装卸和储存等过程中容易造成人身伤亡和财产毁损而需要特别防护的货物。

危险货物的物流问题主要表现为以下几点：① 危险货物物流效率低、事故多，社会影响大；② 多头管理、职能交叉、效能不足；③ 危险货物物流企业规模较小，现代化水平低；④ 从业人员素质低；⑤ 事故应急机制落后。

危险货物的物流发展对策主要包括以下几点：① 建立统一、规范的危险品物流行业标准；② 合理地规划、设计危险品物流网络；③ 用信息化推动物流现代化；④ 发展专业化危险品物流，提倡发展第三方物流；⑤ 建立全国性的危险品物流管理信息平台。

(3) 贵重货物的装卸搬运

贵重货物指价值昂贵，在运输过程中承运人必须承担较大经济责任的货物，如货币、贵重金属、精密仪器、高档电器、珍贵艺术品、贵重药品药材、贵重皮毛、珍贵食品食材等。

收运贵重货物时，应严格遵守下列规定：

① 包装贵重货物应用硬质木箱或铁箱包装，不得使用纸质包装，必要时外包装上应用“井”字铁条加固，并使用铅封或火漆封志。

② 标记与标签。贵重货物只能使用挂签；除识别标签和操作标签外，贵重货物不需要任何其他标签和额外粘贴物；货物的外包装上不可有任何对内装物做出提示的标记。

③ 价值。托运贵重物，托运人自愿办理声明价值手续；每票货运单中货物的运输声明价值不得超过10万美元；每票货运单货物的声明价值超过10万美元时，应将货物分批交运，即分成两份或多份货运单，同时说明由此产生的运费差额或其他费用由托运人负担；如果货物不宜分开，必须经有关承运人同意后，方可收运；每次班机上所装载的贵重货物，价值不得超过100万美元。贵重货物的装卸搬运比较特别，一般采用专业设备和仪器，涉及安全问题的需要武警和保安武装押运。

(4) 鲜活易腐蚀货物的装卸搬运

鲜活易腐蚀货物是指在一般运输条件易于死亡或变质腐烂的货物，如虾、蟹类；肉类；花卉；水果；蔬菜类；沙蚕、活赤贝、鲜鱼类；植物、树苗；蚕种；乳制品；冰冻食品；药品；血清、疫苗、人体白蛋白、胎盘球蛋白等。上述货物，一般要求在运输和保管中采取特别的措施，如冷藏、保温等，以保持其鲜活或不变质。

鲜活易腐蚀货物的收运条件是：① 鲜活易腐蚀物应具有必要的检验合格证明和卫生检疫证明，还应符合有关到达站国家关于此种货物的进出口和过境规定；② 托运人交运鲜活易腐蚀物时，应书面提出在运输中需要注意的事项及允许的最长运输时间；③ 标签。除识别标签外，货物的外包装上还应拴挂“鲜活易腐”标签和“不可倒置”标签。冷藏保温车如图5-15所示。

图5-15　冷藏保温车

食品生产企业主要根据生产原料或产品的特性来决定设备的选取，一般的厂房装卸都是采用小型起重器、平衡式叉车。人工装卸还可以使用手推式叉车或起重仪。

食品产业的搬运一般都是电子智能化设备，个别也采用人工搬运。考虑到成本和便捷性，大都使用转动链等作为搬运设备。

3. 集装箱的装卸搬运作业

(1) 集装箱

所谓集装箱，是指具有一定强度、刚度和规格专用周转使用的大型装货容器。使用集装箱转运货物可直接在发货人的仓库装货，运到收货人的仓库卸货，中途更换车、船时，无须将货物从箱内取出换装。

(2) 集装箱的种类

① 按规格尺寸分，目前，国际上通常使用的干货柜(dry container)规格尺寸如表 5-1 所示。

表 5-1 集装箱规格尺寸对照表

序　号	货柜类型	内容积(米×米×米)	配货毛重/吨	体积/立方米
1	20 英尺*柜	5.69×2.13×2.18	17.5	24～26
2	40 英尺柜	11.8×2.13×2.18	22	54
3	40 英尺高柜	11.8×2.13×2.72	22	68
4	45 英尺高柜	13.58×2.34×2.71	29	86
5	20 英尺开顶柜	5.89×2.32×2.31	20	31.5
6	40 英尺开顶柜	12.01×2.33×2.15	30.4	65
7	20 英尺平底货柜	5.85×2.23×2.15	23	28
8	40 英尺平底货柜	12.05×2.12×1.96	36	50

② 按制箱材料分，有铝合金集装箱、钢板集装箱、纤维板集装箱、玻璃钢集装箱。

③ 按用途分，有干集装箱、冷冻集装箱(reefer container)、挂衣集装箱(dress hanger container)、开顶集装箱(opentop container)、框架集装箱(flat rack container)、罐式集装箱(tank container)。

目前各国大部分集装箱运输都采用 20 英尺和 40 英尺两种集装箱。为使集装箱箱数计算统一化，把 20 英尺集装箱作为一个计算单位，40 英尺集装箱作为两个计算单位，以便于统一计算集装箱的营运量。

(2) 集装箱的装卸和搬运

集装箱码头的装卸有几种典型的系统：底盘车系统、跨运车系统、龙门起重机系统及混合型系统。

* 1 英尺＝0.304 8 米。

1）底盘车系统

底盘车系统的码头前沿采用岸边集装箱装卸桥承担船舶的装卸作业，进口集装箱由装卸桥直接卸到底盘车上，集装箱牵引车将载有集装箱的底盘车拖到堆场停放，出场时集装箱牵引车将载有集装箱的底盘车从堆场上直接拖出港区。出口集装箱由集装箱牵引车将载有集装箱的底盘车从港口拖至堆场，装船时再由集装箱牵引车将载有集装箱的底盘车从堆场拖至码头前沿，由岸边集装箱装卸桥将箱吊装上船。该系统的主要特点是，集装箱在码头堆场的整个停留期间均放置在底盘车上。底盘车系统的优点是：① 集装箱在港的操作次数减少，装卸效率低；② 工作组织简单，对装卸工人和管理人员的技术要求不高。底盘车系统的主要缺点是：① 底盘车的需求量大，投资大，在运量高峰期可能会出现因底盘车不足而间断作业现象；② 不易实现自动化。底盘车系统主要适用集装箱码头的起步阶段，特别是整箱货比例较大的码头。

2）跨运车系统

跨运车系统的码头前沿采用岸边集装箱装卸桥承担船舶的装卸作业，跨运车承担码头前沿与堆场之间的水平运输，堆场的堆码和进出场车辆的装卸作业，即"船到场"作业是由装卸桥到指定箱位；"场到场"、"场到集装箱拖运车"、"场到货运站"等作业均由跨运车承担。跨运车系统的主要优点是：① 能一机完成多种作业(包括自取、搬运、堆垛、装卸车辆等)，减少码头的机种和数量，便于组织管理；② 机动灵活、对位快，岸边装卸桥只需将集装箱卸在码头前沿，无须准确对位，跨运车自行抓取运走，充分发挥了岸边集装箱装卸桥的效率；③ 机动性强，既能搬运又能堆码，减少作业环节；④ 堆场的利用率较高，所需的场地面积较小。跨运车系统的主要缺点是：① 机械结构复杂，液压部件多，故障率高，对维修人员的技术要求高，且造价昂贵；② 车体较大，驾驶室位置高、司机视野差，操作时需配备助手；③对司机的操作水平要求较高，若司机对位不准，容易造成集装箱损坏。跨运车系统适用于进口重箱量大、出口重箱量小的集装箱码头。

3）龙门起重机系统

龙门起重机系统分两种，即轮胎式和轨道式：

① 轮胎式龙门起重机系统的码头前沿采用岸边集装箱装卸桥承担船舶的装卸作业及码头堆场的装卸和堆码作业，从码头前沿至堆场、堆场内箱区间的水平运输由集卡完成。该起重机一般可跨6列和1列集卡车道，堆高3～5层集装箱，并设有转向装置，能从一个箱区移至另一个箱区进行作业。轮胎式龙门起重机系统适用于陆地面积小的码头。我国大部分集装箱码头均采用这种系统。

② 轨道式龙门起重机系统。轨道式龙门起重机系统与轮胎式龙门起重机系统相比，堆场机械的跨距更大，堆高能力更强。轨道式龙门起重机可堆积4～5层集装箱，可跨14列甚至更多列集装箱。轨道式龙门起重机系统适用于场地面积有限，集装箱吞吐量较大的水陆联运码头。

4）混合型系统

从经济性和装卸性能的观点来看，前三项工艺系统方案各有利弊，目前世界上有些港口采用了前述工艺方案的混合系统，即跨运车——龙门吊混合型系统。其主要特点是：① 船边的装卸由岸边集装箱装卸桥承担；② 进口集装箱的水平运输、堆码和交货装车由跨运车负责完成；③ 出口箱的货场与码头前沿之间的水平运输由集装箱半挂式车完成，货场的装卸和堆码由轨道式龙门起重机完成。由于混合型系统能充分发挥各种机械的特点，扬长避短，更加趋于合理和完善，目前世界上已有不少码头采用了这种系统。

【任务小结】

本项目介绍了物流不可缺少的辅助功能——装卸搬运中常用的技术装备和设施。装卸搬运在物流活动中虽不创造价值，但合理的作业设施与装备的使用及流程标准化，能提高物流效率，减少成本支出。通过本项目的学习，明确装卸搬运的基本作业原理，掌握不同装卸搬运设备的使用对象。

任务6　物流信息技术

【引导案例】

沃尔玛的信息系统战略

20世纪50年代末，当第一颗人造卫星上天的时候，现代通信技术在全世界商业界还无人问津。但到了70年代，沃尔玛就率先将卫星通信系统运用于公司的发展。21世纪开始，沃尔玛又投资90亿美元开始实施“互联网统一标准平台”的建设。凭借先发优势和科技实力，沃尔玛的店铺冲出阿肯色州，遍及美国，走向世界。从这个角度看，与其说它是零售企业，不如说它是科技企业。

沃尔玛领先于竞争对手，先行对零售信息系统进行了积极投资的经典事例有：1969年，最早使用计算机跟踪存货；1974年，全面实现S. K. U单品级库存控制；1980年，最早使用条形码；1984年，最早使用CM品类管理软件；1985年，最早采用EDI；1988年，最早使用无线扫描枪；1989年，最早与宝洁公司(Proctor & Gamble)等大供应商实现VMIECR产销合作。在信息技术的支持下，沃尔玛能够以最低的成本、最优质的服务、最快速的管理反应进行全球运作。尽管信息技术并不是沃尔玛取得成功的充分条件，但它却是沃尔玛成功的必要条件。这些投资都使得沃尔玛可以显著降低成本，大幅提高资本生产率和劳动生产率。沃尔玛的全球采购战略、配送系统、商品管理、电子数据系统战略在业界都是可圈可点的经典案例。可以说，所有的成功都是建立在沃尔玛利用信息技术的基础之上的。

6.1　物流信息系统

6.1.1　物流信息系统的基础知识

1. 什么是物流信息系统

物流信息系统是指由人员、设备和程序组成的，为物流管理者执行计划、实施、控制等职能提供信息的交互系统，它与物流作业系统一样都是物流系统的子系统。

物流信息系统是建立在物流信息基础上的，只有具备了大量的物流信息，其才能发挥作用。在物流管理中，人们要寻找最经济、最有效的方法来克服生产和消费之间的时间距离和空间距离，就必须传递和处理各种与物流相关的情报，这种情报就是物流信息。它与物流过程中的订货、收货、库存管理、发货、配送及回收等职能有机地联系在一起，使整个物流活动顺利进行。

在企业的整个生产经营活动中，物流信息系统与各种物流作业活动密切相关，具有有效管理物流作业系统的职能。它有两个主要作用：一是随时把握商品流动所带来的商品量的变化；二是提高各种有关物流业务的作业效率。

2. 物流信息系统的产生背景

随着物流供应链管理的不断发展，各种物流信息的复杂化，各企业迫切要求物流信息化，而计算机网络技术的盛行又给物流信息化提供了技术上的支持。因此，物流信息系统就在企业中扎下了根，并且为企业带来了更高的效率。企业是基于以下背景才大力开发物流信息系统的。

(1) 市场竞争加剧

在当今世界中，基本上都是买方市场，由消费者来选择购买哪个企业生产的产品，他们基本上有完全的决策自由。而市场上生产同一产品的企业多如牛毛，企业要想在竞争中胜出，就必须不断地推陈出新，以较低的成本迅速满足消费者时刻变化着的消费需求，而这都需要快速反应的物流系统。要做到快速反应，信息反馈必须及时，这必然要求企业建立自己的物流信息系统。

(2) 供应链管理的发展

现代企业间的竞争在很大程度上表现为供应链之间的竞争，而在整个供应链中，环节较多，信息相对来说就比较复杂，企业之间沟通起来就困难得多。各环节要想自由沟通，达到信息共享，建立供应链物流信息系统就势在必行。

(3) 社会信息化

电子计算机技术的迅速发展，网络的广泛延伸，使整个社会进入信息时代。在这个网络时代，只有融入信息社会，企业才可能有较大的发展。更何况，信息技术的发展已经为信息系统的开发打下了坚实的基础。企业作为社会的一员，物流作为一种社会服务行业，必然要建立属于物流业自己的信息系统。

3. 物流信息系统的分类

① 按管理决策的层次分类，可分为物流作业管理系统、物流协调控制系统、物流决策支持系统；

② 按系统的应用对象分类，可分为面向制造企业的物流管理信息系统，面向零售商、中间商、供应商的物流管理信息系统，面向物流企业的物流管理信息系统(3PLMIS)；

③ 按系统采用的技术分类，可分为单机系统、内部网络系统，与合作伙伴、客户互联的系统。

4. 物流信息系统的结构

物流信息系统是物流领域的神经网络，遍布物流系统的各个层次、各个方面。物流信息系统结构可以从垂直和水平两个方向来考察。

从垂直方向看，物流信息系统可分为三个层次，即管理层、控制层和作业层。从水平方向看，信息系统贯穿供应物流、生产物流、销售物流、回收和废弃物物流等物流形式的运输、仓储、装卸搬运、包装、流通加工等各个物流作业环节。

5. 物流信息系统的功能

物流信息系统是物流系统的神经中枢,它作为整个物流系统的指挥和控制系统,可以分为多种子系统或者多种基本功能。通常,可以将其基本功能归纳为以下几个方面:

(1) 数据的收集和输入

物流数据的收集首先是将数据通过收集子系统从系统内部或者外部收集到预处理系统中,并整理成为系统要求的格式和形式,然后再通过输入子系统将其输入到物流信息系统中。这一过程是其他功能发挥作用的前提和基础,如果一开始收集和输入的信息不完全或不正确,在接下来的过程中得到的结果就可能与实际情况完全相左,这将会导致严重的后果。因此,在衡量一个信息系统性能时,应注意它收集数据的完善性、准确性,以及校验能力和预防和抵抗破坏能力等。

(2) 信息的存储

物流数据经过收集和输入阶段后,在其得到处理之前,必须在系统中存储下来。即使在处理之后,若信息还有利用价值,也要将其保存下来,以供以后使用。物流信息系统的存储功能就是要保证已得到的物流信息能够不丢失、不走样、不外泄,整理得当,随时可用。无论哪一种物流信息系统,在涉及信息的存储问题时,都要考虑到存储量、信息格式、存储方式、使用方式、存储时间、安全保密等问题。如果这些问题没有得到妥善的解决,信息系统是不可能投入使用的。

(3) 信息的传输

物流信息在物流系统中,一定要准确、及时地传输到各个职能环节,否则信息就会失去其使用价值。这就需要物流信息系统具有克服空间障碍的功能。物流信息系统在实际运行前,必须要充分考虑所要传递的信息的种类、数量、频率、可靠性要求等因素。只有这些因素符合物流系统的实际需要时,才是有实际使用价值的。

(4) 信息的处理

物流信息系统的最根本目的就是要将输入的数据加工处理成物流系统所需要的物流信息。数据和信息是有所不同的,数据是得到信息的基础,但数据往往不能直接利用,而信息则是从数据加工中得到的,它可以直接利用。只有得到了具有实际使用价值的物流信息,物流信息系统的功能才算发挥。

(5) 信息的输出

信息的输出是物流信息系统的最后一项功能,也只有在实现了这个功能后,物流信息系统的任务才算完成。信息的输出必须采用便于人或计算机理解的形式,在输出形式上力求易读易懂,直观醒目。

上述五项功能是物流信息系统的基本功能,缺一不可。而且,只有五个过程不出错,最后得到的物流信息才具有实际使用价值,否则会造成严重的后果。

6. 信息系统与物流管理信息系统的关系

① 信息系统为物流管理信息系统提供公共关键技术;

② 物流管理信息系统作为信息系统的特殊系统有其独特性；
③ 物流管理信息系统同时为其他信息系统提供一些成功的应用模板；
④ 物流管理信息系统和信息系统相互融合。

6.1.2 中国物流信息化发展现状

1. 产业现状:物流信息化普及率低,信息化系统功能欠完善

物流企业的运营随着企业规模和业务跨地域发展,必然要走向全球化发展的道路。在全球化趋势下,物流目标是为国际贸易和跨国经营提供服务,选择最佳的方式与路径,以最低的费用和最小的风险,保质、保量、准时地将货物从某国的供方运到另一国的需方,使各国物流系统相互“接轨”,它代表物流发展的更高阶段。面对着信息全球化的浪潮,信息化已成为加快实现工业化和现代化的必然选择。

我们可以通过以下数据对中国物流企业信息化产业现状有更深层次的了解。

通过图 6－1 可以看出,物流企业的信息化普及率不高,多数物流企业还采用人工作业方式。

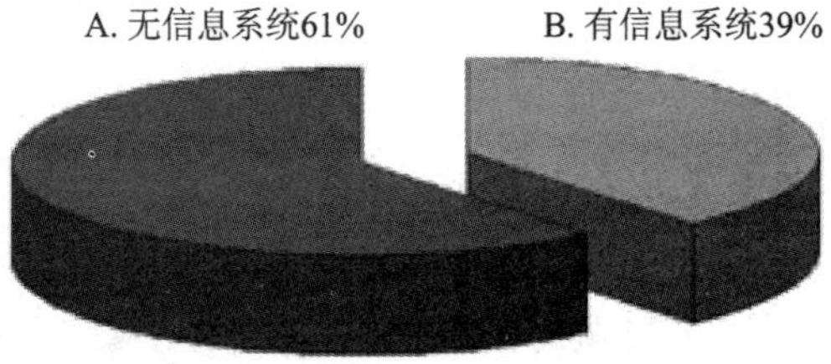

图 6－1 物流信息化的普及程度

通过图 6－2 可以看出,物流信息系统的应用涉及物流企业运营的各个环节,说明物流企业对信息化发展的需求呈现多样化的特点。

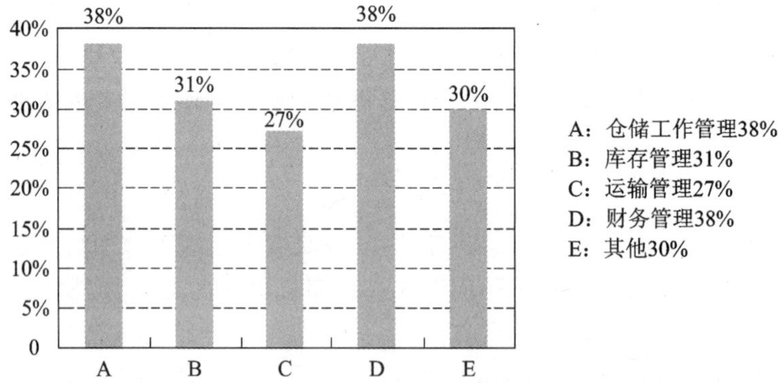

图 6－2 物流信息化的应用环节

通过图 6－3 可以看出,目前物流企业的信息系统存在功能简单、功能层次低等问题。多数信息系统只有简单的记录、查询和管理功能,而缺少决策、分析、互动等功能。

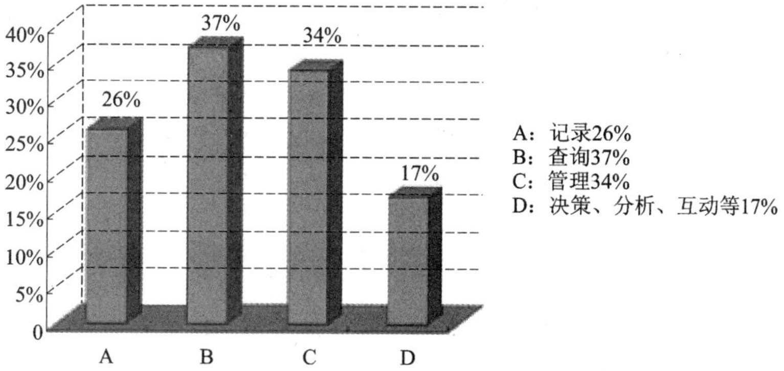

图 6-3 物流信息化系统各项功能所占比例

2. 发展趋势：智能化、标准化和全球化是物流企业信息化发展的趋势

智能化是自动化、信息化的一种高层次应用。物流作业过程涉及大量的运筹和决策，如物流网络的设计与优化、运输（搬运）路径的选择、每次运输的装载量选择，以及多种货物的拼装优化、运输工具的排程和调度、库存水平的确定、补货策略的选择、有限资源的调配、配送策略的选择等问题都需要进行优化处理，这些都需要管理者借助优化的智能工具和大量的现代物流知识来解决。同时，近年来，专家系统、人工智能、仿真学、运筹学、智能商务、数据挖掘和机器人等相关技术在国际上已经有比较成熟的研究成果，并在实际物流作业中得到了较好的应用，因此，物流的智能化已经成为物流发展的一个新趋势。

标准化技术也是现代物流技术的一个显著特征和发展趋势，同时也是现代物流技术实现的根本保证。货物的运输配送、存储保管、装卸搬运、分类包装、流通加工等各个环节中信息技术的应用，都要求必须有一套科学的作业标准。例如，物流设施、设备及商品包装的标准化等，只有实现了物流系统各个环节的标准化，才能真正实现物流技术的信息化、自动化、网络化、智能化。特别是在经济全球化和贸易全球化的新世纪中，如果没有形成物流作业的标准化，就无法实现高效的全球化物流运作，这将阻碍经济全球化的发展进程。

3. 现代信息技术应用对物流产业发展的重要性

第一，现代信息技术发展是物流观念和物流产业形成的一个重要前提条件。传统的物流活动被分散在不同的经济部门，或者一个企业内部不同的职能部门来进行的；从生产到消费的整个过程中，物流活动被分解为若干个阶段和环节来进行，而且由于没有信息技术的支持，物流信息本身也被分散在不同的环节和不同的职能部门之中。物流与信息之间的交流与共享，由于技术的障碍，是非常缓慢的，而且是滞后于许多管理活动的。

进入 21 世纪以来，随着计算机、互联网等很多信息技术的群体性的突破，使物流活动发生了很多根本性的变化。首先，由于采集技术、传感技术还有处理技术的广泛应用，信息的共享超越了企业的边界，超越了一个企业内部不同职能的边界，信息资源的共享使得物流活动可以与原有的生产过程或者商品销售过程分离开来，成为一种独立的经济活动。而大量的第三方物流企业的出现，实际上是跟这种现代信息技术的广泛应用结合在一起的。从这个角度上来认识，过去的物流观念实际上是一个企业内部的管理观念，现在它作为一个新的分工领域出现以后，已经不再仅仅是一个企业内部的管理观念，而是成为一个产业的观念或者一种新型的现代的观念。

第二，现代信息技术对物流产业的运行方式也产生了很大的影响。包括中国在内的世界范围的经济，是一种市场竞争性的经济，其商品生产和销售活动不是围绕生产者来进行，而是围绕着消费者进行。每一个消费者的需求通过市场信息系统共享以后传达到生产者和流通者手中，那么它们要围绕着市场的信息来组织自己的经营活动。在这样的情况下，首先表现为物流活动从一个被动的载体转化为一个主动的载体，它要根据市场的物流信息合理的安排库存、调配资源，来保证市场的供应。所以，从这个运行的方式上来看，首先表现为它从一个被动的市场信息的接受者转变为经济活动整个流通过程的组织者，从一个被动的状态转变为一个主动的状态。

第三，现代信息技术对物流产业组织的影响。到了 20 世纪 90 年代末期和 21 世纪以后，很多新型的物流企业出现，比如大家经常谈论的第四方物流企业、第五方物流企业。事实上，第四方物流企业和第五方物流企业是专门对物流信息资源进行管理的物流企业，这种延续的过程实际上导致了新的物流组织的出现，而且物流组织的层次也在不断地提高。到 20 世纪八九十年代 EDI 技术出现以后，特别是第三方物流企业出现以后，我们把它概括为以电子数据交换技术或 EDI 为基础的专业化的物流组织，就是早期的第三方物流企业。还有一种就是以网络通信技术为基础的物流流程的一体化组织，就是大家很关注的供应链的管理者。所以，物流组织的发展也是一个逐步演进的过程。物流技术的发展对整个物流组织的发展和创新的影响是非常明显的。

6.1.3 物流信息系统的开发

常用的开发方法

(1) 生命周期法(Life Cycle Approach，LCA)

生命周期法是信息系统最早使用的一种开发方法，至今仍是大中型系统项目最好的开发方法。生命周期法是一个结构化的非常正式的系统开发方法，将系统开发过程划分为明确的各个阶段，每个阶段都有明确的任务，整个开发过程是顺序地一个一个阶段进行开发的。该方法还在信息系统专家和用户之间做了明确的分工。

1) 生命周期法的特点

① 采用系统的观点与系统工程的方法，自上而下进行系统分析与系统设计，并自下而上进行系统实施。

② 开发过程阶段清楚，任务明确，文档齐全，并要求有标准化的分析报告、流程图、说明文本等阶段性文档资料及书面审定记录，使得整个开发过程便于管理和控制。

③ 适用于大型的信息系统以及应用软件的开发。

④ 其最常见的分析技术是 SSA&D(Structured System Analysis and Design)方法，即结构化的分析与设计方法，这种方法易于系统地实施，便于系统维护。

2) 生命周期法的阶段

生命周期法将系统开发分为五个阶段：系统规划、系统分析、系统设计、系统实施、系统维护与评价。

① 系统规划。在这个阶段最重要的任务就是定义组织所要解决的问题，划定项目开发的范围和制订项目开发的计划。

② 系统分析。系统分析就是定义新系统的逻辑需求，建立逻辑模型。

③ 系统设计。系统设计就是要将满足系统分析阶段所定义的用户的逻辑需求转换为设计说明。这些说明要详细，并可以成为下一个阶段——实现阶段的输入。

④ 系统实施。该阶段就是把纸面上设计的系统变为真正可以运行的软件系统。

⑤ 系统维护与评价。在信息系统试运行一段时间以后，根据现场要求与变化，对系统做一些必要的修改，进一步完善系统，最后和用户一起对系统的功能、效益做出评价。

3）生命周期法的优点

① 强调系统的整体性、全局性。它采用“自顶向下”的原则分析和设计系统，首先解决全局问题，强调在系统整体优化的前提下，来考虑具体的解决方案。

② 严格区分工作阶段。整个开发过程阶段和步骤清楚，每一阶段和步骤均有明确的成果，这些成果以可行性分析报告、系统分析报告、系统设计报告等形式确定下来，并作为下一步工作的依据。在每一阶段或步骤中，整个项目可以划分为许多组成部分，各部分可各自独立地开展工作，但各部分的工作都必须按时到达阶段或步骤的终点，这样有利于整个项目的管理与控制，避免了开发过程混乱的状态。

4）生命周期法的缺点

① 难以准确定义用户需求。结构化生命周期法系统的开发过程是一个线性发展的“瀑布模型”，各阶段须严格按顺序进行，并以各阶段提供的文档的正确性和完整性来保证最终应用软件产品的质量，这在多数情况下是难以做到的。由于用户在初始阶段提出的要求往往既不全面也不明确，尤其是我国多数管理人员，缺乏应用计算机的基本知识和应用实践，更难提出完整、具体的要求。而当系统投入运行后，又感到不满意，要求修改。

② 开发周期长，难以适应环境变化。传统的生命周期法，从系统分析到系统实施，绝大部分工作靠人工来完成，导致系统开发成本高、效率低。由于所用的工具落后，系统分析和设计的时间较长。如要开发一个比较大的系统，一般要用2～3年。当系统实施时，原来提出的要求可能已经有了变化，又要修改设计。同时，由于第一、第二阶段时间较长，而这两个阶段能提供给用户的只是文字上的成果，用户长期看不到运行的系统，不便于设计者与用户交流。

（2）原型法（Prototyping）

原型法是一个可以实际运行、反复修改，并不断完善的系统。在管理信息系统开发的开始阶段，凭借系统开发售货员对用户需求的理解与用户共同确定系统的基本要求和主要功能，在强有力的人、软件环境支持下，给出一个满足用户需求的初始系统原型，然后与用户反复协商修改，最终形成MIS系统。

1）原型法的开发过程

原型法的开发过程须经历可行性研究、确定系统的基本要求、建造系统原型（Prototype）等阶段，如图6－4所示。

2）原型法的特点

① 遵循了人们认识事物的客观规律，易于掌握和接受。

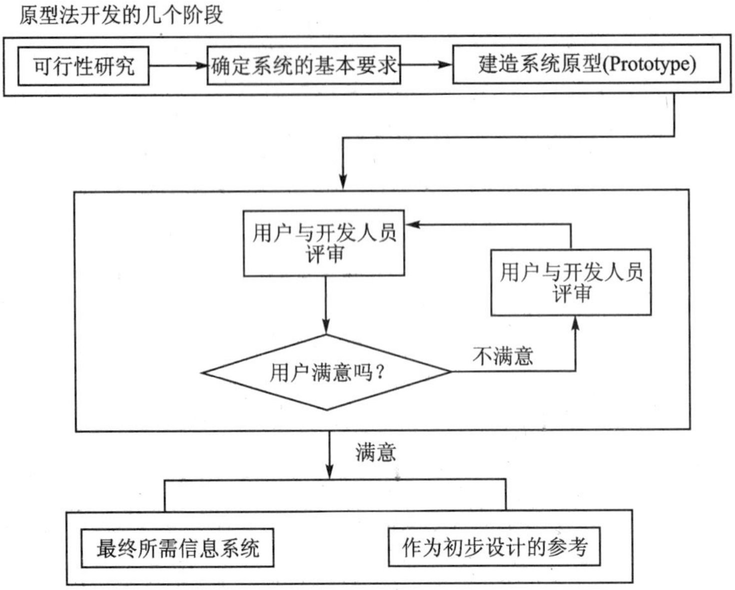

图 6－4　原型法的开发过程

② 将模拟的手段引入系统分析的初始阶段，沟通了人们(用户和开发人员)的思想，缩短了用户和系统分析人员之间的距离，解决了结构化方法中最难以解决的一环。强调用户参与、描述、运行、沟通。

③ 充分利用最新的软件工具，摆脱了传统的方法，使系统开发的时间、费用大大减少，效率、技术等方面都大大提高。强调软件工具支持。

3）原型法的应用范围

适合于：处理过程明确、简单、涉及面窄的小型系统。

不适合于：大型、复杂、难以模拟、存在大量运算、逻辑性强、管理基础工作不完善、处理过程不规范、大量批处理的系统。

4）生命周期法与原型法之比较

生命周期法强调整体上的协调与规划，为保证整体性和全局性，它要求用户在分析阶段能够提出准确、完整的系统需求，开发者则据此给出严格的需求定义和描述，并按此进行阶段性的系统开发。一方面，用户由于缺乏计算机知识，很难确定和表达对未来系统的全面需求，而开发人员对用户的工作环境和内容又不熟悉，对所要解决的问题模糊不清(至少在短时间内)，从而导致双方在沟通上出现各种问题，用户无法清楚、完整地表达需求，而开发者不能全面和正确地理解和定义用户需求；另一方面，由于生命周期法的开发周期一般较长，又要求系统设计的目标必须明确，在开发期内用户需求和企业环境很可能发生较大的变化，使生命周期法不能适应环境、需求的变化，导致开发出来的系统达不到企业和用户的新需求。而且生命周期法的开发周期较长，用户不能在短期内看到成果，也就不能及时提出修改意见。

鉴于此种情况，很多企业转向了更加符合实际情况的原型法。原型法利用对原型的不断修改与完善解决了上述两方面的问题。具有成功率高、开发周期短、适应性强、可靠性强、成本低和调试容易的特点。

6.2　物流信息技术

6.2.1　物流信息技术的基础知识

1. 信息技术的发展历程

信息技术的发展经历了一个漫长的时期，笔者将其分为三个基本模块进行阐述，一是计算机通信技术，二是微电子技术，三是网络技术。

(1) 从通信技术到计算机通信技术的发展

通信技术和计算机技术起步较早，萌芽于19世纪上半叶，当时美国的莫尔斯发明了电报，成为通信技术的开山鼻祖。然后，到20世纪下半叶初期，美国人成功研制出世界上第一部程控交换机，随着数字程控交换机的应用和推广，通信技术开始向数字化的方向发展。再后来，人类成功开拓了卫星通信技术领域，进一步拓展了通信技术的应用领域。1946年，美国宾夕法尼亚大学成功研制出世界上第一台计算机设备，这意味着计算机通信技术的"问世"。当然，这部名为"埃尼阿克"的计算机有着庞大而笨重的外形和居高不下的功率能耗，但是随着计算机集成电路的发展和软件技术的进步，计算机设备的存储容量、运算速度以及数据处理能力都不断提高，计算机的功能也从最初的单一计算功能演变为具备数字处理、语言文字、图像视频等多种信息处理功能，计算机的应用范围也涉及社会的方方面面。

(2) 从晶体管到以集成电路为基础的微电子技术的发展

微电子技术始于晶体管的问世：人类于1948年发明了第一个晶体管，又于1958年研制出第一块集成电路，短短十年时间，便引发了一场波及全球的微电子技术革命。微电子技术能够将日益复杂的电子信息系统集成在一个小小的硅片上，使电子设备向着微型化发展，使计算机系统的能耗越来越低。微电子技术促进集成电路的发展，中、小规模集成电路逐步发展为大规模集成电路和超大规模集成电路，同时让每一个集成电路芯片上所能集成的电子器件越来越多，而集成电路的整体价格却保持不变或者下降，从而带动以集成电路为基础的微电子信息技术的迅速发展。

(3) 网络技术

美国于1969年成功建成了ARPANET网络，它是世界上首个采用分组交换技术组建的计算机网络，这也是今天计算机因特网的前身。到了1986年，美国又成功建成了国家科学基金网NSFNET，并于1991年促成因特网进入商业应用领域，从而使互联网得到飞跃性的发展，给整个信息技术产业以及人类社会的进步带来了重大影响。随后，网络技术经历了网络传真到网络电话、网络冲浪到网络购物等一系列的变革，为个人和企业参与全球范围的竞争提供了有利条件，带动了一大批互联网新兴服务行业的崛起和发展。

2. 信息技术的分类

(1) 按表现形态的不同分

按表现形态的不同可分为硬技术(物化技术)与软技术(非物化技术)。

硬技术指各种信息设备及其功能,如显微镜、电话机、通信卫星、多媒体电脑。软技术指有关信息获取与处理的各种知识、方法与技能,如语言文字技术、数据统计分析技术、规划决策技术、计算机软件技术等。

(2) 按工作流程中基本环节的不同分

按工作流程中基本环节的不同可分为信息获取技术、信息传递技术、信息存储技术、信息加工技术及信息标准化技术。信息获取技术包括信息的搜索、感知、接收、过滤等,如显微镜、望远镜、气象卫星、温度计、钟表、Internet 搜索器中的技术。信息传递技术指跨越空间共享信息的技术,又可分为不同类型,如单向传递与双向传递技术,单通道传递、多通道传递与广播传递技术。信息存储技术指跨越时间保存信息的技术,如印刷术、照相术、录音术、录像术、缩微术、磁盘术、光盘术等。信息加工技术是对信息进行描述、分类、排序、转换、浓缩、扩充、创新等的技术。信息加工技术的发展已有两次突破:从人脑信息加工到使用机械设备(如算盘,标尺等)进行信息加工,再发展为使用电子计算机与网络进行信息加工。信息标准化技术是指使信息的获取、传递、存储,加工各环节有机衔接,与提高信息交换共享能力的技术。如信息管理标准、字符编码标准、语言文字的规范化等。

(3) 按使用的信息设备不同分

按使用的信息设备不同可分为电话技术、电报技术、广播技术、电视技术、复印技术、缩微技术、卫星技术、计算机技术、网络技术等。也可从信息的传播模式分,分为传送者信息处理技术、信息通道技术、接收者信息处理技术、信息抗干扰技术等。

(4) 按技术的功能层次不同分

按技术的功能层次不同可将信息技术体系分为基础层次的信息技术(如新材料技术、新能源技术),支撑层次的信息技术(如机械技术、电子技术、激光技术、生物技术、空间技术等),主体层次的信息技术(如传感技术、通信技术、计算机技术、控制技术),应用层次的信息技术(如文化教育、商业贸易、工农业生产、社会管理中用以提高效率和效益的各种自动化、智能化、信息化应用软件与设备)。

传感技术、通信技术、计算机技术和控制技术是信息技术的四大基本技术,其主要支柱是通信(Communication)技术、计算机(Computer)技术和控制(Control)技术,即“3C”技术。信息技术是实现信息化的核心手段,也是一门多学科交叉综合的技术,计算机技术、通信技术和多媒体技术、网络技术互相渗透、作用、融合,将形成以智能多媒体信息服务为特征的时空的大规模信息网。信息科学、生命科学和材料科学一起构成了当代三种前沿科学,信息技术是当代世界范围内新的技术革命的核心。信息科学和技术是现代科学技术的先导,是人类进行高效率、高效益、高速度社会活动的理论、方法与技术,是国家现代化的一个重要标志。

3. 信息技术的特征

有人将计算机与网络技术的特征——数字化、网络化、多媒体化、智能化、虚拟化,当作信

息技术的特征。我们认为,信息技术的特征应从以下两方面来理解:

(1) 信息技术具有技术的一般特征——技术性

具体表现为:方法的科学性,工具设备的先进性,技能的熟练性,经验的丰富性,作用过程的快捷性,功能的高效性等。

(2) 信息技术具有区别于其他技术的特征——信息性

具体表现为:信息技术的服务主体是信息,核心功能是提高信息处理与利用的效率与效益。由信息的秉性决定,信息技术还具有普遍性、客观性、相对性、动态性、共享性、可变换性等特性。

4. 物流信息技术

物流信息技术是指运用于物流各环节中的信息技术。根据物流的功能以及特点,物流信息技术包括如计算机技术、网络技术、信息分类编码技术、条形码技术、射频识别技术、电子数据交换技术、全球定位系统(GPS)、地理信息系统(GIS)等。

物流信息技术是物流现代化的重要标志,也是物流技术中发展最快的领域,从数据采集的条形码系统,到办公自动化系统中的微机、互联网,各种终端设备等硬件以及计算机软件都在日新月异地发展。同时,随着物流信息技术的不断发展,产生了一系列新的物流理念和新的物流经营方式,推进了物流的变革。在供应链管理方面,物流信息技术的发展也改变了企业应用供应链管理获得竞争优势的方式,成功的企业通过应用信息技术来支持它的经营战略并选择它的经营业务。通过利用信息技术来提高供应链活动的效率性,增强整个供应链的经营决策能力。

6.2.2　计算机网络技术

计算机网络是利用通信设备和线路将地理位置不同、功能独立的多个计算机系统连接起来,以功能完善的网络软件实现网络的硬件、软件及资源共享和信息传递的系统。简单地说即连接两台或多台计算机进行通信的系统。

1. 计算机网络的分类

计算机网络可分三类,即局域网、广域网、城域网。

局域网是一种在小范围内实现的计算机网络,一般在一个建筑物内,或一个工厂、一个单位内部。局域网覆盖范围可在十几公里以内,结构简单,布线容易。

广域网范围很广,可以分布在一个省内、一个国家或几个国家。广域网信道传输速率较低,结构比较复杂。

城域网是在一个城市内部组建的计算机信息网络,为整个城市提供信息服务。目前,我国许多城市正在建设城域网。

2. 计算机网络的功能

(1) 资源共享

资源指的是网络中的所有数据资源和软硬件资源。共享是指网络用户能全部或部分地使用网络内的共享资源,如网络游戏。资源共享包括数据资源共享、软件资源共享和硬件资源共享。

(2) 数据通信

计算机的基本功能之一即数据通信。通过计算机网络将分布在世界各地的计算机用户连接到互联网上,再利用互联网在计算机之间快速可靠地传送文件、程序和数据(如新闻报道、体育赛事、交通信息等)及多媒体信息(如影视、声音、动画和文字等)。

(3) 综合信息服务

综合信息服务是指由各行各业根据自身需求,搭建的一个业务功能强大且内容丰富的信息服务平台,该平台能够为社会公众、政府机关、企事业单位、科研院所等提供全面的数据查询和信息咨询服务。

(4) 分布处理

分布处理是指组成网络的多台计算机协同工作,并且协同工作的计算机之间按照协作的方式可实现资源共享和进行信息交流。

3. 计算机网络的应用

如今从日常生活中的缴费、车票购买、银行存取款、网上购物,到尖端科技领域的导弹轨迹控制、卫星发射、全球卫星定位系统,人们已经越来越离不开计算机网络。计算机网络日益渗透到各个领域中,直接影响着人们的生活、学习、工作乃至行为习惯和思维方式。随着计算机网络技术的飞速发展和不断成熟,各种网络需求的不断增加及互联网的迅速普及,计算机网络的应用也越来越深入,应用范围逐步扩大。

(1) 通信服务

计算机网络技术在通信领域的应用主要是信息通信,包括在线聊天(飞信、MSN、QQ等)、E-mail、信息系统平台等服务。其中,成为基于数据库的物流信息系统传递信息的平台,是当前计算机网络作用最广泛、对经济影响最大的方面。

(2) 多媒体信息服务

多媒体信息服务是多媒体技术与计算机技术的结合,即采用多媒体信号进行信息交流。包括网上娱乐、网络电视、电视会议、WWW 服务、远程教育和音乐点播等。

(3) 办公自动化

办公自动化可以将一个单位的其他办公设备与办公用计算机连接上网络。网络办公可以加强外部和单位内部的沟通与联系,加快单位内部的信息流动,提高工作效率,并有利于减少日常开支。

(4) 网上交易

网上交易是指包括期货证券业务、在线缴费、服务行业的订售票系统、金融系统的银行业务和网上购物等在内的电子商务系统和电子数据交换。

除上述各项之外,计算机网络技术在管理信息系统、辅助决策、工业自动化控制、数字图书馆全球信息查询与情报检索、远程办公、远程教育等领域也有着较为广泛的应用,并且带来了巨大的经济和社会效益。

6.2.3　自动识别与采集技术

1. 条形码技术

条形码是由一组按一定编码规则排列的条、空符号，用以表示一定的字符、数字及符号组成的信息。条形码系统是由条形码符号设计、制作及扫描阅读组成的自动识别系统。

条形码技术是在计算机的应用实践中产生和发展起来的一种自动识别技术，为我们提供了一种对物流中的货物进行标识和描述的方法。条形码是实现POS系统、EDI、电子商务、供应链管理的技术基础，是物流管理现代化、提高企业管理水平和竞争能力的重要技术手段。

（1）条形码的特点

条形码是迄今为止最为经济、实用的一种自动识别技术。条形码技术具有以下几个方面的优点：

① 可靠准确。键盘输入数据出错率为三百分之一，利用光学字符识别技术出错率为万分之一，而采用条形码技术误码率低于百万分之一。

② 数据输入速度快。与键盘输入相比，条形码输入的速度是键盘输入的5倍，并且能实现“即时数据输入”。

③ 经济便宜。与其他自动化识别技术相比较，推广应用条形码技术，所需费用较低。

④ 灵活、实用。条形码符号作为一种识别手段可以单独使用，也可以和有关设备组成识别系统实现自动化识别，还可和其他控制设备联系起来实现整个系统的自动化管理。同时，在没有自动识别设备时，也可实现手工键盘输入。

⑤ 设备简单。条形码符号识别设备的结构简单，操作容易，无须专门训练。

⑥ 易于制作。可印刷，称作“可印刷的计算机语言”。条形码标签易于制作，对印刷技术设备和材料无特殊要求，且设备也相对便宜。

（2）条形码的发展历史

1970年美国超级市场Ad Hoc委员会制定出通用商品代码UPC码，许多团体也提出了各种条形码符号方案。UPC码首先在杂货零售业中试用，这为以后条形码的统一和广泛采用奠定了基础。次年布莱西公司研制出布莱西码及相应的自动识别系统，用以库存验算。这是条形码技术第一次在仓库管理系统中的实际应用。1972年蒙那奇·马金(Monarch Marking)等人研制出库德巴(Code bar)码，自此美国的条形码技术进入新的发展阶段。

1973年美国统一编码协会（简称UCC）建立了UPC条形码系统，实现了该码制标准化。同年，食品杂货业把UPC码作为该行业的通用标准码制，为条形码技术在商业流通销售领域里的广泛应用，起到了积极的推动作用。

1976年在美国和加拿大超级市场上，UPC码的成功应用给人们以很大的鼓舞，尤其是欧洲人对此产生了极大兴趣。次年，欧洲共同体在UPC-A码的基础上制定出欧洲物品编码EAN-13码和EAN-8码，签署了《欧洲物品编码协议备忘录》，并正式成立了欧洲物品编码协会（简称EAN）。到了1981年由于EAN已经发展成为一个国际性组织，故改名为“国际物品编码协会”，简称IAN。但由于历史原因和习惯，至今仍称为EAN（后改为EAN-international)。

日本从1974年开始着手建立POS系统,研究标准化以及信息输入方式、印制技术等。并在EAN基础上,于1978年制定出日本物品编码JAN。同年加入了国际物品编码协会,开始进行厂家登记注册,并全面转入条形码技术及其系列产品的开发工作,10年之后成为EAN最大的用户。

随着条形码技术的发展,条形码码制种类不断增加,因而标准化问题显得很突出,为此先后制定了军用标准1189、交叉25码、39码和库德巴码ANSI标准MH10.8M等。同时一些行业也开始建立行业标准,以适应发展需要。到1990年底,共有40多种条形码码制,相应的自动识别设备和印刷技术也得到了长足的发展。

从20世纪80年代中期开始,我国一些高等院校、科研部门及一些出口企业,把条形码技术的研究和推广应用逐步提到议事日程。一些行业如图书、邮电、物资管理部门和外贸部门已开始使用条形码技术。1988年12月28日,经国务院批准,国家技术监督局成立了“中国物品编码中心”。该中心的任务是研究、推广条形码技术;组织、开发、协调、管理我国的条形码工作。

进入21世纪后,随着市场的活跃和经济发展的需要,流通领域和物流领域都广泛地使用了条形码。尤其是近几年二维码的迅速发展,使条形码成为现代商务中不可缺少的重要技术。

一维条形码发明年份详见表6-1。

表6-1　一维条形码发明年代表

年　份	条形码名称	发明人或公司	特殊意义
1949	Bull's Eye Code(公牛眼码)	N. Joe Woodland, Bernard Silver	第一个条形码
1973	UPC	IBM	首次大规模应用的条形码
1972	Coda bar	Monarch Marking System	
1974	39码	David C. Allias (Intermec)	第一个商业性文数字条形码
1976	EAN	EAN协会	
1981	Code 128		
1983	Code 93		

(3) 条形码的分类

1) 按码制分类

① UPC码。1973年,美国率先在国内的商业系统中应用于UPC码之后,加拿大也在商业系统中采用了UPC码。UPC码是一种长度固定的连续型数字式码制,其字符集为数字0~9。它采用四种元素宽度,每个条或空是1、2、3或4倍单位元素宽度。UPC码有两种类型,即UPC-A码和UPC-E码。UPC-A码可以编码13位罗马数字,其中包括一位验证码。另外UPC后面还可以跟上两位数或者五位数的附加编码,用于编码价格、商家等信息。UPC-E可以编码7位数(包括一位验证码)。

② EAN码。1977年,欧洲经济共同体各国按照UPC码的标准制定了欧洲物品编码EAN码,与UPC码兼容,而且两者具有相同的符号体系。EAN码的字符编号结构与UPC码相同,也是长度固定的、连续型的数字式码制,其字符集是数字0~9。它采用四种元素宽度,每

个条或空是1、2、3或4倍单位元素宽度。EAN码有两种类型,即EAN－13码和EAN－8码。

③ 39码。39码是第一个字母数字式码制。1974年由Intermec公司推出。它是长度可比的离散型自校险字母数字式码制。

④ 128码。128码出现于1981年,是一种长度可变的连续型自校验数字式码制。它采用四种元素宽度,每个字符由3个条和3个空,共11个单元元素宽度,又称(11,3)码。它由106个不,同条形码字符,每个条形码字符有三种含义不同的字符集,分别为A、B、C。它使用这3个交替的字符集可将128个ASCII码编码。

⑤ 储运单元条形码。包括定量储运单元条形码和变量储运单元条形码。主要运用在物流领域,信息含量略大于EAN码。

2) 按维数分类

① 一维条形码。普通的一维条形码自问世以来,很快得到了普及并广泛应用。但是由于一维条形码的信息容量很小,如商品上的条形码仅能容纳13位的阿拉伯数字,更多地描述商品的信息只能依赖数据库的支持,离开了预先建立的数据库,这种条形码就变成了无源之水,无本之木,因而条形码的应用范围受到了一定的限制。

② 二维条形码。除具有普通条形码的优点外,二维条形码还具有信息容量大、可靠性高、保密防伪性强、易于制作、成本低等优点。

美国Symbol公司于1991年正式推出名为PDF417的二维条形码,简称为PDF417条形码,即"便携式数据文件"。PDF417条形码是一种高密度、高信息含量的便携式数据文件,是实现证件及卡片等大容量、高可靠性信息自动存储、携带并可用机器自动识读的理想手段。

(4) 条形码在仓储中的应用

仓储管理是条形码技术广泛应用和比较成熟的传统领域,不仅适用于商业商品库存管理,而且同样适用于工厂产品和原料库存管理。只有仓储管理(盘存)电子化的实现,才能使产品、原料信息资源得到充分利用。仓储管理是动态变化的,通过仓储管理(盘存)电子化系统的建立,管理者可以随时了解每种产品或原料当前在货架上和仓库中的数量及其动态变化,并且定量地分析出各种产品或原料库存、销售、生产情况等信息。管理者通过它,可及时决策进货数量、调整生产,以保持最优库存量,改善库存结构,加速资金周转,实现产品和原料的全面控制和管理。

1) 实施条形码仓库管理(盘存)电子化的特点

① 实时数据。经济型、易实施的库存管理,保持原有的物流方式,实现信息流的自动化,也就是数据采集自动化,即数据采集系统采用条形码自动识别技术作为数据输入手段,在进行每一项产品或原料操作(如到货清点、入库、盘点)的同时,系统自动对相关数据进行处理,并为下一次操作(如财务管理、出库)做好数据准备,无须停顿运行。

② "零"差错。由于系统几乎免除了物流过程中数据的人工键盘输入,所以大大降低了库存管理过程中数据输入差错的可能性。

③ 省人力,高效率。高速信息流的数据实时性以及科学的决策,可以使为了保证供应的巨大备用库存大幅度地减少或者成为不必要,即可实现低成本、低库存、高资金周转率、高效益。立体仓库是现代工业生产中的一个重要组成部分,利用条形码技术,可以完成仓库货物的导向、定位、人工操作,提高识别速度,减少人为差错,从而提高仓库管理水平。

2）条形码在仓库管理系统中的应用

利用条形码技术，可对企业的物流信息进行采集跟踪。通过针对生产制造业的物流跟踪，满足企业针对仓储运输等信息管理的需求。条形码的编码和识别技术的应用解决了仓库信息管理中录入和采集数据的“瓶颈”问题，为仓库信息管理系统的应用提供了有力的技术支持。

① 货物库存管理。仓库管理系统根据货物的品名、型号、规格、产地、品牌、包装等划分货物品种，并且分配唯一的编码，也就是“货号”。分货号管理货物库存和管理货号的单件集合，并且应用于仓库的各种操作。

② 仓库库位管理。仓库分为若干个库房，每一个库房分为若干个库位。库房是仓库中独立和封闭的存货空间，库房内空间细划为库位，细分能够更加明确定义存货空间。仓库管理系统是按仓库的库位记录仓库货物库存，在产品入库时将库位条形码号与产品条形码号一一对应，在出库时按照库位货物的库存时间可以实现先进先出或批次管理的信息。

③ 货物单件管理。采用产品标识条形码记录单件产品所经过的状态及跟踪管理。

④ 仓库业务管理。包括：出库、入库、盘库、月盘库、移库，不同业务以各自的方式进行，完成仓库的进、销、存管理。

⑤ 更加准确完成仓库出入库。仓库利用条形码采集货物单件信息，处理采集数据，建立仓库的入库、出库、移库、盘库数据。这样，使仓库操作完成更加准确。它能够根据货物单件库存为仓库货物出库提供库位信息，使仓库货物库存更加准确。

（5）条形码扫描器

条形码扫描器又称为条形码阅读器、条形码扫描枪。它是用于读取条形码所包含信息的阅读设备，利用光学原理，把条形码的内容解码后通过数据线或者无线的方式传输到电脑或者别的设备上。

目前条形码扫描器通过有线的方式和计算机连接主要为 PS/2 键盘接口、RS232 串口、USB 接口三种，通过无线方式和计算机连接主要是蓝牙和 2.4 G 的方式，一般无线的距离基本都在30～100 米。条形码扫描器按条形码分类可分为一维条形码扫描器和二维条形码扫描器；按形状又可分为手持式扫描器、固定式条形码扫描器、平台式条形码扫描器。

1）条形码扫描器的分类

根据扫描方式，常用条形码扫描器可分为：CCD 条形码扫描器、激光手持式扫描器、全角度激光扫描器等。

① 手持式 CCD 条形码扫描器。是利用光电耦合（CCD）原理，对条形码印刷图案进行成像，然后再译码。优势：无转轴，马达，使用寿命长，价格便宜。优秀的 CCD 应无须紧贴条形码即可识读，而且体积适中，操作舒适。如果要提高 CCD 的分辨率，必须增加成像处光敏元件的单位元素。中档 CCD 以 1 024 pixel 为多，有些甚至达到 2 048 pixel，能分辨最窄单位元素为 0.1 mm 的条形码。图 6－5 所示为手持式 CCD 条形码扫描器。

② 激光手持式扫描器。激光手持式扫描器是利用激光二极管作为光源的单线式扫描器，它主要有转镜式和颤镜式两种。商业企业在选择激光扫描器时，最重要的是注意扫描速度和分辨率，而景深并不是关键因素。因为当景深加大时，分辨率会大大降低。优秀的手持激光扫描器应当是高扫描速度，固定景深范围内很高的分辨率。图 6－6 所示为激光手持式扫描器。

③ 全角度激光扫描器。全角度扫描器是通过光学系统使激光二极管发出的激光折射或

图 6－5　手持式 CCD 条形码扫描器

多条扫描线的条形码扫描器，主要目的是减轻收款人员录入条形码数据时对准条形码的劳动强度，选择时应着重注意其扫描线花斑分布。如图 6－7 所示为全角度激光扫描器。

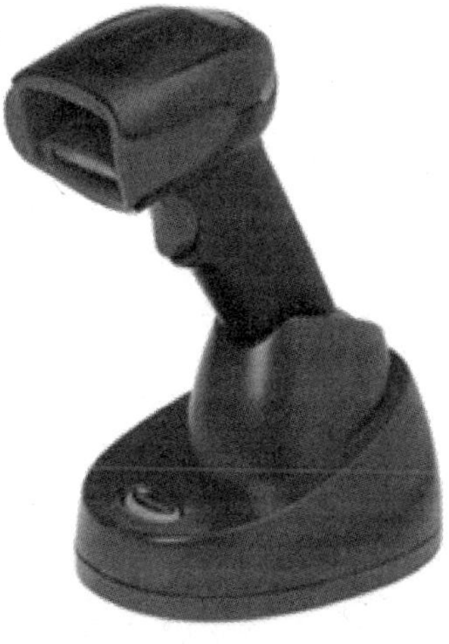

图 6－6　激光手持式扫描器

图 6－7　全角度激光扫描器

2）条形码扫描器的工作原理

条形码扫描器的结构通常为以下几部分：光源、接收装置、光电转换部件、译码电路、计算机接口。

条形码扫描器的基本工作原理为：由光源发出的光线经过光学系统照射到条形码符号上面，被反射回来的光经过光学系统成像在光电转换器上，使之产生电信号，信号经过电路放大后产生模拟电压，它与照射到条形码符号上被反射回来的光成正比，再经过滤波、整形，形成与模拟信号对应的方波信号，经译码器转换为计算机可以直接接受的数字信号。

2. RFID 技术

RFID(Radio Frequency Identification,射频识别)是一种非接触式的自动识别技术,它通过射频信号自动识别目标对象来获取相关数据。识别工作无须人工干预,可工作于各种恶劣环境。短距离射频产品不怕油渍、灰尘污染等恶劣的环境,可以替代条形码,例如用在工厂的流水线上跟踪物体。长距离射频产品多用于交通上,识别距离可达几十米,如自动收费或识别车辆身份等。

(1) 射频技术的特点

射频识别系统最重要的优点是非接触识别,它能穿透雪、雾、冰、涂料、尘垢和条形码无法使用的恶劣环境阅读标签,并且阅读速度极快,大多数情况下不到 100 毫秒。有源式射频识别系统的速写能力也是其重要的优点,可用于流程跟踪和维修跟踪等交互式业务。

目前,制约射频识别系统发展的主要问题是标准互不兼容。射频识别系统的主要厂商提供的都是专用系统,导致不同的应用和不同的行业采用不同厂商的频率和协议标准,这种混乱和割据的状况已经制约了整个射频识别行业的发展。许多欧美组织正在着手解决这个问题,并已经取得了一些成绩。标准化必将刺激射频识别技术的大幅度发展和广泛应用。

(2) 射频技术在物流管理中的适用性

物流管理的本质是通过对物流全过程的管理,实现降低成本和提高服务水平两个目的。如何以较低的成本和正确的条件,去保证正确的客户在正确的时间和正确的地点,得到正确的产品,成为物流企业追求的最高目标。为此,掌握存货的数量、形态、分布、提高存货的流动性就成为物流管理的核心内容。一般来说,企业存货的价值要占企业资产总额的 25%左右,占企业流动资产的 50%以上。所以物流管理工作的核心就是对供应链中存货的管理。

在运输管理方面采用射频识别技术,只需要在货物的外包装上安装电子标签,在运输检查站或中转站设置阅读器,就可以实现资产的可视化管理。在运输过程中,阅读器将电子标签的信息通过卫星或电话线传输到运输部门的数据库,电子标签每通过一个检查站,数据库的数据就得到更新,当电子标签到达终点时,数据库关闭。与此同时,货主可以根据权限,访问在途可视化网页,了解货物的具体位置,这对提高物流企业的服务水平有着重要意义。

(3) RFID 的工作原理及组成

1) 工作原理

RFID 的工作原理是:标签进入磁场后,如果接收到阅读器发出的特殊射频信号,就能凭借感应电流所获得的能量发送出存储在芯片中的产品信息(即 Passive Tag,无源标签或被动标签),或者主动发送某一频率的信号(即 Active Tag,有源标签或主动标签),阅读器读取信息并解码后,送至中央信息系统进行有关数据处理。

被动标记设备运用无线电波进行操作和通信,信号必须在识别器允许的范围内,通常约 3 米。这类标记适合于短距离信息识别,如一次性剃须刀或可移动刀片包装盒这类小商品。RFID 芯片可以是只读的,也可是读/写方式,依据应用需求决定。被动式标记设备采用 E2PROM(电擦写可编程只读存储器),便于运用特定电子处理设备往上面写数据。一般标记设备在出厂时都设定为只读方式。采用 RFID 技术最大的好处是可以对企业的供应链进行透明管理,有效地降低成本。

2）RFID 系统的组成

射频识别系统至少应包括以下两个部分，一是读写器，二是电子标签(或称射频卡、应答器等，本文统称为电子标签)。另外还应包括天线、主机等。RFID 系统在具体的应用过程中，根据不同的应用目的和应用环境，系统的组成会有所不同，但从 RFID 系统的工作原理来看，系统一般都由信号发射机、信号接收机、编程器、天线几部分组成，下面分别加以说明。

① 信号发射机。在 RFID 系统中，信号发射机为了不同的应用目的，会以不同的形式存在，典型的形式是标签(TAG)。标签相当于条形码技术中的条形码符号，用来存储需要识别传输的信息。另外，与条形码不同的是，标签必须能够自动或在外力的作用下，把存储的信息主动发射出去。

② 信号接收机。在 RFID 系统中，信号接收机一般叫作阅读器。根据支持的标签类型不同与完成的功能不同，阅读器的复杂程度是显著不同的。阅读器基本的功能就是提供与标签进行数据传输的途径。另外，阅读器还提供相当复杂的信号状态控制、奇偶错误校验与更正功能等。标签中除了存储需要传输的信息外，还必须含有一定的附加信息，如错误校验信息等。识别数据信息和附加信息按照一定的结构编制在一起，并按照特定的顺序向外发送。阅读器通过接收到的附加信息来控制数据流的发送。一旦到达阅读器的信息被正确地接收和译解后，阅读器通过特定的算法决定是否需要发射机对发送的信号重发一次，或者知道发射器停止发信号，这就是“命令响应协议”。使用这种协议，即便在很短的时间、很小的空间阅读多个标签，也可以有效地防止“欺骗问题”的产生。

③ 编程器。只有可读可写标签系统才需要编程器。编程器是向标签写入数据的装置。编程器写入数据一般来说是离线(OFF－LINE)完成的，也就是预先在标签中写入数据，等到开始应用时直接把标签黏附在被标识项目上。也有一些 RFID 应用系统，写数据是在线(ON－LINE)完成的，尤其是在生产环境中作为交互式便携数据文件来处理时。

④ 天线。天线是标签与阅读器之间传输数据的发射、接收装置。在实际应用中，除了系统功率，天线的形状和相对位置也会影响数据的发射和接收，需要专业人员对系统的天线进行设计、安装。

6.2.4　GIS 与 GPS

1. GIS

GIS(Geographical Information System，地理信息系统)是多种学科交叉的产物，它以地理空间数据为基础，采用地理模型分析方法，适时地提供多种空间的和动态的地理信息，是一种为地理研究和地理决策服务的计算机技术系统。

(1) GIS 的基本功能

将表格型数据(无论它是来自数据库、电子表格文件或是直接在程序中输入)转换为地理图形显示，然后对显示结果进行浏览、操作和分析。其显示范围可以从洲际地图到非常详细的街区地图。显示对象包括人口、销售情况、运输路线以及其他内容。

(2) GIS 技术的组成

包括数据库管理、图形图像处理、地理信息处理多方面的基础技术，在计算机软件和硬件的支持下，运用系统工程和信息科学的理论，科学管理和综合分析具有空间内涵的地理数据，为各行业提供规划、管理、研究、决策等方面的解决方案。GIS 物流分析软件集成了车辆路线模型、网络物流模型、分配集合模型和设施定位模型等。

① 车辆路线模型。用于解决一个起始点、多个终点的货物运输中，如何降低物流作业费用，并保证服务质量的问题，包括决定使用多少辆车、每辆车的行驶路线等。

② 网络物流模型。用于解决寻求最有效的分配货物路径问题，也就是物流网点布局问题。

③ 分配集合模型。可以根据各个要素的相似点把同一层上的所有或部分要素分为几个组，用以解决确定服务范围和销售市场范围等问题。

④ 设施定位模型。用于确定一个或多个设施的位置。在物流系统中，仓库和运输线共同组成了物流网络，仓库处于网络的结点上，结点决定着线路如何根据供求的实际需要并结合经济效益等原则，在既定区域内设立多少个仓库，每个仓库的位置和规模，以及仓库之间的物流关系等，运用此模型均能很容易地得到解决。

(3) 主要特征

① 具有采集、管理、分析和输出多种地理空间信息的能力，具有空间性和动态性。

② 以地理研究和地理决策为目的，以地理模型方法为手段，具有区域空间分析、多要素综合分析和动态预测能力，产生高层次的地理信息。

③ 由计算机系统支持进行空间地理数据管理，并由计算机程序模拟常规的或专门的地理分析方法，作用于空间数据，产生有用信息，完成人类难以完成的任务。

2. GPS

GPS(Global Positioning System，全球定位系统)，具有在海、陆、空进行全方位实时三维导航与定位的能力。是一个中距离圆形轨道卫星导航系统。它可以为地球表面绝大部分地区(98%)提供准确的定位、测速和高精度的时间标准。

系统由美国国防部 20 世纪 70 年代开始进行研制，于 1994 年全面建成，可满足位于全球任何地方或近地空间的军事用户连续精确的确定三维位置、三维运动和时间的需要。该系统包括太空中的 24 颗 GPS 卫星，地面上的 1 个主控站、3 个数据注入站和 5 个监测站及作为用户端的 GPS 接收机。只需其中 4 颗卫星，就能迅速确定用户端在地球上所处的位置及海拔高度；所能连接到的卫星数越多，解码出来的位置就越精确。

(1) GPS 系统的优点

全天候，不受任何天气的影响；全球覆盖(高达 98%)；三维定速定时高精度；快速、省时、高效率；应用广泛、多功能；可移动定位；不同于双星定位系统，使用过程中接收机不需要发出任何信号，增加了隐蔽性，提高了军事应用效能。

(2) GPS 系统的功能

① 精确定时：广泛应用在天文台、通信系统基站、电视台中。

② 工程施工：道路、桥梁、隧道的施工中大量采用 GPS 设备进行工程测量。

③ 勘探测绘：野外勘探及城区规划中都有用到。

④ 导航：武器导航、交通工具导航。

⑤ 车辆及手机、人群定位。

(3) GPS在物流中的应用

GPS在物流领域可以应用于汽车自定位、跟踪调度；铁路运输管理；军事物流。

1) 应用于汽车自定位、跟踪调度

据丰田汽车公司的统计和预测，日本车载导航系统的市场在1995—2000年平均每年增长35%以上，全世界在车辆导航上的投资平均每年增长60.8%，因此，车辆导航将成为未来全球卫星定位系统应用的主要领域之一。我国已有数十家公司在开发和销售车载导航系统。

2) 应用于铁路运输管理

我国铁路开发的基于GPS的计算机管理信息系统，可以通过GPS和计算机网络实时收集全路列车、机车、车辆、集装箱及所运货物的动态信息，可实现列车、货物的追踪管理。只要知道货车的车种、车型、车号，就可以立即从近10万公里的铁路网上流动着的几十万辆货车中找到该货车，还能得知这辆货车现在在何处运行或停在何处，以及所有的车载货物发货信息。铁路部门运用这项技术可以大大提高其路网及其运营的透明度，为货主提供更高质量的服务。

3) 应用于军事物流

全球卫星定位系统首先是因为军事目的而建立的，在军事物流中，如后勤装备的保障等方面，应用相当普遍，尤其是美国，其在世界各地驻扎的大量军队无论是在战时还是在平时都对后勤补给提出了很高的要求，在战争中，如果不依赖GPS，美军的后勤补给就会变得一团糟。美军在20世纪末的地区冲突中依靠GPS和其他顶尖技术，以强有力的、可见的后勤保障，为保卫美国的利益做出了贡献。

【项目延展】

原型法在多媒体课件开发中的应用研究

学习是一个不可预测的过程，不同人和不同情景下各不相同，因此教学软件的需求分析阶段是较为困难的，一般不可能第一次就能得到恰当的分析结果，原型法可以在早期对教学策略进行评价，可用于用户界面的设计和导航设计，这两点对于教学软件是特别重要的。原型法还能够有效沟通开发人员和教学设计人员以及课件用户之间的思想，是实现教学思想、教学经验与计算机技术统一和结合的基础，符合教学设计和软件过程天生的重复和迭代特征。同时，原型法也是进行教学试用、教学效果评价的最基本条件，它为教学软件的快速、高质量开发起到了不可替代的作用。

1. 利用多媒体著作工具实现课件原型的一般步骤

(1) 快速分析：根据要开发教学软件的学科教学特点和教学要求，决定原型要着重设计的方面，然后选定合适的多媒体著作工具，同时确定原型的使用目的是抛弃式还是演化式，一般推荐使用演化式。

(2) 构造原型：根据设计要求，利用选定的多媒体著作工具制作出所选定教学内容的教学模块的外观模型(最初原型)。

(3) 运行评价:运行原型。通过学科教师、教育专家以及学生的检验、评价和测试,针对原型提出修改意见和需求。

(4) 修正改进:根据修改意见修正和完善原型,直至符合教学需求。

(5) 完善产品:整理原型并提供文档,为软件下一步的运行、开发服务。

2. 一个例子——传统课程的电子化

原型法应用于教学软件开发最常见的例子就是传统课程的电子化工作,传统课程的学科教师在教育教学方面已经积累了相当丰富的教学设计经验,因此转换的工作只需要用系统的方法学来指导以经济有效地进行,一旦学科教师决定开发现有课程的多媒体教学软件,具体的转换的过程就涉及以下几个相关阶段:

(1) 设定教学目标,分析教学对象,给出课程的详细说明。首先,多媒体课件的教学目的和课堂教学的目的不太相同,应复审传统课堂教学中的目标:在班级教学中有哪些不能实现的目的?多媒体课件能达到这些目的吗?试着发掘计算机能达到而班级上课时不可能实现或者不能经济地实现的那些目标,并且要了解多媒体课件的局限性,比如缺乏面对面的接触等,应认真、现实地考虑所有这些目标;其次,课件的使用者不同于上课时班级中的学生,他们之间可能在背景知识、知识需求等多方面存在较大差异,并且在课件使用中是学习者自己控制学习的进程,最后则要求以比较详细的方式描述课程,包括章、节、练习、实践活动等各个方面,这些都需要认真地进行教学设计。

(2) 素材转换、收集和原型的建立。素材的转换和收集包括一系列从简单到复杂以及一些具有创造性要求的活动,可能需要创建一些模板或其他类似的可复用部件,使用著作工具制作出初始的界面原型,然后按教学设计的要求逐渐演化为初始功能原型。

(3) 评估原型。在课程的原型版本完成以后,甚至没有完成时,应使用实际的学习者进行测试,不仅要测试他们对课程的主观反应,还要判断他们在学习过程中是否达到了教学目标。

(4) 反馈修改。判断是否达到软件期望达到的目标,确定可以改进的具体办法,反复进行,直到一切目标能良好的完成。

3. 应注意的几个问题

基于多媒体著作工具的特点,人们可以利用多媒体著作工具快速高效地完成教学软件原型的制作,但著作工具和原型实现过程中也存在一些不足,这就要求在制作软件原型的过程中,应着重考虑以下一些问题:

(1) 如何选择合适的著作工具。不同的多媒体著作工具适用于不同的领域,对于教育工作者、学科专家以及设计人员来说,合适的教学设计方案解决以后,就面临着如何恰当地选取著作工具。通常在选取著作工具时,应考虑以下问题:课件的发布场合?使用哪些种类的媒体?课件的交互水平?成绩数据追踪?课件内容和容量?开发者技术水平?等等,既要详细分析开发项目的需求和特点,如制作的多媒体软件是演示型的,还是交互型的,又或是百科全书式的电子读物等,还要根据项目的需求和特点,选择合适的著作工具。好的著作工具不应使用户将目光局限于工具本身的特点,而是能够允许用户将更多时间投入到概念和教学设计层次上,以能设计出更具魅力的教学软件。大多数教育专家认为:Macromedia 公司的 Authorware 是开发交互式多媒体教学软件的最佳工具。事实上它也是最被广泛使用的。

(2) 使用原型开发仍应注意遵循软件工程原则。使用著作工具进行原型开发过程,不像一般软件那样具体和有明显的阶段性，它是一个迭代反复的过程，文档的生成与管理、设计的表述等各个方面要注意保持一致性、完备性，还应遵循国家和国际相关标准。

(3) 原型评价的具体实施。教学软件无法仅通过界面布局以及简单可运行的原型版本来评估学习的效果，因为简单的原型几乎无法在完成教学目标的这层含义之下真正工作，因此，对于原型版本的评价必须经过仔细计划，初期界面原型、教学试用原型要分别进行评价，评价可通过大量问卷或实际使用方式进行，评价人员既要包括软件用户（学科教师、学生），也要包括教育学、心理学，以及美工等方面的专家，试用评价应是一个长期不间断的过程，贯穿于整个教学软件生存期。

【任务小结】

本项目介绍了物流中重要的技术——信息系统及信息技术。物流的主要功能如运输、仓储会产生大量的物流信息，而在传统物流中对信息的处理非常局限，极少运用信息技术来提高其准确性和速度。由此，通过本项目的学习，了解现代物流信息处理、传输、储存的载体——物流信息系统，掌握在现代物流信息系统中涉及的各种物流信息技术，以便于能加快物流速度，提高物流效率，真正做到从传统到现代物流的转变。

任务7　物流决策技术

【引导案例】

伊莱克斯物流外包决策

1995年，伊莱克斯与长沙中意电冰箱厂合资组建了伊莱克斯-中意电冰箱有限公司，经过全面考虑，公司最终决定采用物流外包策略，将公司物流业务全部交给第三方物流企业去做，伊莱克斯只负责产品生产，而中意电冰箱厂也只全权负责产品的销售与售后服务工作，从而充分利用第三方物流企业拥有的专业市场知识、网络和信息技术拥有的规模经济和灵活性，适应企业对物流环节的各种需求。为了避免将物流业务交给第三方物流公司做有可能使企业受到牵制，伊莱克斯将其物流业务分别外包给了多家物流公司，并让他们之间相互竞争，优胜劣汰，而伊莱克斯只需负责全面统筹，此种策略收到了很好的效果。家电企业采用第三方物流服务，自身可专心于产品生产与研发，集中培育核心竞争力，而且还能提高物流服务水平，降低物流服务成本。因此，随着我国推动家电第三方物流发展的政策环境的不断完善，我国家电第三方物流企业的迅速成长，以及家电生产与销售的全球化发展，我国越来越多的家电制造业开始采用第三方物流服务模式，使家电及消费电子行业目前已成为我国第三方物流企业服务的主要行业。据相关资料，我国空调行业更是有90％的生产企业选择了第三方物流服务。因此，将物流外包，采用第三方物流企业的服务，是我国家电物流发展的大趋势，也是我国家电制造企业和销售企业提高自身经营效率和竞争能力的必由之路。

问题：伊莱克斯为何要进行外包？如何评价物流外包及其优劣？

7.1　物流决策技术概述

7.1.1　决策的概念、特征及原则

企业的发展过程，如同人的成长，总是面临大大小小的各种选择，有些选择影响甚微，有些影响深远，甚至关系到企业的生死存亡。因而做出科学有效的正确的选择是非常重要的。

1. 什么是决策

人生也好，企业也罢，每一次的选择就是决策的过程。那决策到底是什么？在现代管理中如何运用科学的决策来帮助企业发展呢？

决策理论是把第二次世界大战以后发展起来的系统理论、运筹学、计算机科学等综合运用于管理决策问题，形成的一门有关决策过程、准则、类型及方法的较完整的理论体系。

决策理论是在系统理论的基础上，吸收了行为科学、运筹学和计算机科学等研究成果而发展起来的。主要代表人物是美国人赫伯特・A・西蒙，其代表作有：《管理行为》、《经济学和行为科学的决策理论》、《管理决策的新科学》等。西蒙因其在决策理论研究、决策应用等方面做出的开创性研究，而获得 1978 年诺贝尔经济学奖。决策理论的观点主要表现在三个方面：

① 突出决策在管理中的地位。决策管理理论认为：管理的实质是决策，决策贯穿于管理的全过程，决定了整个管理活动的成败。如果决策失误，组织的资源再丰富、技术再先进，也是无济于事的。

② 系统阐述了决策原理。西蒙对于决策的程序、准则、类型及其决策技术等作了科学的分析，并提出用“满意原则”来代替传统决策理论的“最优原则”，研究了决策过程中冲突的解决方法。

③ 强调了决策者的作用。西蒙认为组织是决策者个人所组成的系统，因此，强调不仅要注意在决策中应用定量方法、计算技术等新兴的科学方法，而且要重视心理因素、人际关系等社会因素在决策中的作用。

决策理论是有关决策概念、原理、学说等的总称。“决策”一词通常指从诸多可能中做出选择和决定。

就目前而在，决策行为可以理解为狭义和广义两个方面。从狭义来理解，即领导决策某一问题，从众多方案中选定某一个方案的行为。从广义来理解，即决策本身是一个管理过程，是人们为了实现某个特定的目标，运用一定的科学理论和方法分析目前的情况，提出预选方案，从而选择出最优或较优的解决方案，并对其的实施过程进行监督。

2. 决策能解决的问题所具备的特点

① 决策的问题尚未发生。决策本身是面向尚未发生的事件，提出预防和解决方案，因而对未来的不可知性导致其决策必须对市场有敏锐的洞察力，对事件的发生走向具有预见性，对决策行为的实施必须保有前瞻性。当然，因决策事件本身所处的环境瞬息万变，在方案实施过程中可能会导致与预想结果出现偏差，则需要进行即时的修正，以保证应对决策事件的效果。

② 决策效用的不可逆性。在决策过程中，往往决策的结果具有不可重复性。如果决策失败，则会导致严重的消极后果，损失也是无法挽回的。这就要求决策者必须要掌握一定的科学决策理论和方法，并正确运用，以保证其决策效用的价值对企业能起到正面、积极的作用和影响。

因此，我们认为决策是指人们为达到某一目标，从若干可能的方案（或措施、途径、行动）中经过分析、比较，选择最优（或次优、满意、非劣）的方案的行为。

7.1.2　决策的过程

西蒙在决策理论中曾提出：“从广义方面来理解决策过程，那么决策过程与管理是同义的。”在他看来，在决策中既要重视使用数学模型、计算机技术等定量分析方法，也要注重如心理因素和人际关系等主观的社会影响因素，以保证决策的有效和可执行。

一个完整的决策过程包括以下几部分，如图 7－1 所示。

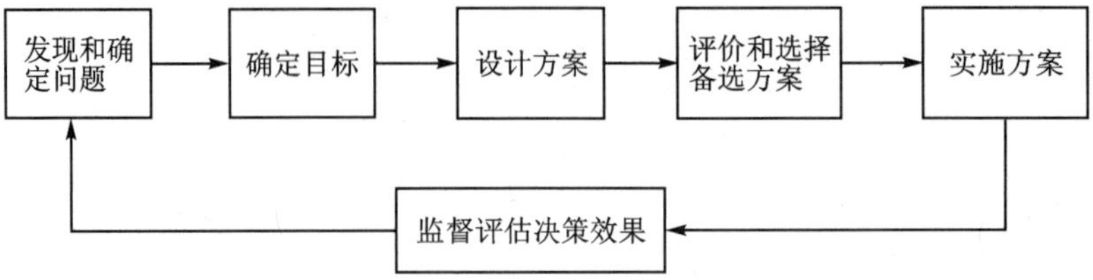

图 7-1　决策过程示意图

(1) 发现和确定问题

即明确决策需要解决的问题是什么，确定希望达到的目标。明确的问题和目标是决策的基础。在施行决策时首先应该清楚具体的问题是什么，症结在什么地方，这要求在决策之前进行详细的调查和资料收集，并对其进行科学的分析，最终找到真正的，亟待于解决的问题。

(2) 确定目标

针对已经找出的问题症结，决策者应做到心中有数，明确出现该问题的原因症结之所在，清楚运用什么样的方法和技术才能更好、更快捷、更有效地解决问题。并通过对问题的一一梳理，确定一个科学的、适合具体情况的、有针对性的决策目标，让决策活动目标明确，有的放矢。

(3) 设计方案

经过前两个步骤的工作，在顺利完成的基础上，要从多角度、多通道去寻找解决问题、达成目标的各种备选方案。在此过程中可以利用多种决策方法进行定性、定量分析，发掘深层问题，构想新的目标方案，分析多种可能性，从而筛选出多个可行性方案备选。

(4) 评价和选择备选方案

评价和选择备选方案，是对各个备选方案的可能性、可执行情况、未来预期效果等各方面进行预测和评估。在进行方案评价时面对各种评价标准，如何才能兼顾？决策过程中决策者的性格喜好也会影响方案的选择。因此，在进行方案选择时应先选定备选方案，再经过专业的组织团队进行方案的论证，以评价实际应用中方案能产生的效用，从而选出真正适合的最优方案，而不是独自选出理论上的最优方案。

(5) 实施方案和评估效果

实施方案是决策过程中的最后一个环节。是方案确定后的组织实施过程，也是方案最终执行过程中的监督和反馈。在及时的反馈中，决策者可以通过相关信息对方案的实施过程的情况与期望目标进行监督，发现问题，及时调整制订新的对应方案，以保证决策目标的顺利实现。

7.1.3　决策的分类

决策的过程告诉我们，在决策过程需要解决的问题会有多种方法可以去进行选择，而选用不同的方法，对结果可能会产生不同的影响。所以，我们在进行决策时应该清楚不同情况应当适用什么样的决策方法。

1. 按决策的作用不同分

（1）战略性决策

是指解决全局性、长远性、战略性等重大问题的决策。一般由企业高层决策者做出。它是指导企业经营发展方向，关系企业经营成败的关键，对企业起着生死存亡的决定作用，是企业生存发展的最高指针。决策正确可以使企业沿着正确的方向前进，让企业提高竞争能力，更好地适应环境，进一步扩大市场规模，从而取得良好的经济效益。反之，决策失误，就会给企业带来巨大的损失，甚至导致企业破产。

（2）战术决策，也可以称为管理决策

是指为了实现战略决策，解决某一问题做出的决策，它以战略决策规定的目标为决策标准。战术决策通常是企业管理中层在战略决策的指导下就某个具体的部门在未来短期内进行的行动方案，是对具体问题提出解决方案，回答“干什么”的问题。因此，战术决策是在战略决策的大方向下对企业进行的具体问题的解答，对企业的影响程度虽然不如战略决策那样深远，但其是否能顺利完成也会直接影响到企业总体战略目标的实现。

（3）日常事务决策，也可以称为业务决策

是指基层管理人员为解决日常工作和作业任务中的问题所做的决定。它是对战术决策的细分和明确化，在这个过程中通常解决“怎么做”的问题。它是企业经营过程中最终的具体环节、具体岗位、具体行为的表现，它是对战术决策的具体执行和操作，也是解决问题的最后落脚点。

2. 按决策的类型分

（1）程序化决策

即针对有关常规的，反复发生的问题所做出的决策。通常程序化决策解决的是企业的常态问题。企业一般可以通过建立管理体系、编写说明书等方法，来将问题进行归纳、总结，提出解决问题的常用方法。在企业生产经营过程中出现相同或类似问题时，照章操作来提高企业解决问题的能力和速度。

（2）非程序化决策

是指针对偶然发生的或首次而较为重要的非重复性问题所做出的决策。针对这种非常态问题，企业可能采用“一对一”方式，出现问题即提出解决方案，解决最终问题。但在企业管理过程中只有极少的管理决策是完全程序化的或完全非程序化的。通常程序化决策和非程序化决策之间可以相互转化。所以，我们应该关注问题本身，提出最行之有效的方法。

决策的类型见表7-1所列。

3. 按决策问题的条件分

（1）确定型决策

是指可供选择的方案中只有一种自然状态的决策，即决策的条件是确定的。这种状态中决策者所面临的问题通常是确定的。在决策中可以更好地根据已经发生的问题提出针对性的解决方案。

表 7-1 决策的类型

类 型	决策制定技术	
	传统式	现代式
程序化： 常规性、反复性决策；组织为处理上述决策而研制的特定过程	1. 惯例； 2. 事务性常规工作标准操作规程； 3. 组织结构	1. 运筹学；结构分析；模型；计算机模拟； 2. 管理信息系统
非程序化： 偶发的、结构不良的、新的政策性决策；依靠解决问题的一般思维过程处理	1. 判断、直觉和创造性； 2. 主观概率法； 3. 经理的遴选和培训	探索式解决问题技术适用于： 1. 培训决策者；编制； 2. 人工智能程序

(2) 风险型决策

是指可供选择的方案中，存在两种或两种以上的自然状态，但每种自然状态所发生概率的大小是可以估计的。这种状态中决策者所面临的问题通常不具确定性，但对可能出现的状况及发生的概率却是可知的。决策中通常会根据各种情况的出现概率提出不同的解决方案，决策者再根据其概率权重从中进行选择。

(3) 不确定型决策

指在可供选择的方案中存在两种或两种以上的自然状态，而且，这些自然状态所发生的概率是无法估计的。这种情况下对未来可能发生的状况无法预估，其出现的概率也不得而知，决策难度增大。

4. 按决策的时态分

(1) 静态决策

静态决策过程中通常只针对当前情况进行投入产出以此作为参考对象进行管理决策，在决策过程中没有考虑资金的时间价值。

(2) 动态决策

动态决策相对于静态决策而言，在决策过程中不仅针对当前情况对投入和产出问题进行分析，同时对决策所产生的未来收益考虑其时间价值，以便做出更科学合理的决策方案。

5. 按决策的主体分

(1) 群体决策

群体决策是为充分发挥集体的智慧，由多人共同参与决策分析并制定决策的整体过程。其中，参与决策的人组成了决策群体。在企业管理中面临许多决策抉择的要求，要解决做什么、谁去做、何时何地去做和如何去做等问题。对于那些复杂的决策问题，往往涉及目标的多重性、时间的动态性和状态的不确定性，这是个人的能力远远不能驾驭的。为此，群体决策因其特有的优势得到了越来越多的决策者的认同并日益受到重视。

(2) 个体决策

个体决策是指决策机构的主要领导成员通过个人决定的方式,按照个人的判断力、知识、经验和意志所做出的决策。它具有简便、迅速、责任明确的特点。科学意义上的个人决策,是领导者在集中多数人的正确意见,经过反复思考后做出的最终决策,它是集体智慧的融合而不是不负责任的独断专行。同时,个体决策也存在局限性的特点。其主要表现在两个方面:一方面表现在个人决策所需的社会条件难以充分具备,其具体表现是社会难以找到杰出的个人决策者,那些具备条件的个人又不一定能成为掌握权力的个人决策者;另一方面表现在决策者受个人经验、知识和能力的限制,固守过时的观点,因循守旧,先入为主,导致在做出决策时错失良机。因此,根据其具有的合理性和局限性,个人决策一般用于日常工作中程序化的决策和管理者职责范围内的事情的决策。

决策时要考虑时间和代价两个方面。群体决策相较于个体决策比较费时间,但付出的代价比个人决策低。因此,在进行决策选择时,要保证决策的效率和效果,在很大程度上取决于决策任务的复杂程度。

6. 按决策的风格分

按决策的风格来分,可分为行为决策、概念决策、命令决策及分析决策。

7. 按决策的方法分

按决策的方法来分,可分为有限理性决策和直觉决策。

7.1.4　物流管理决策

企业物流活动贯穿于整个生产经营过程,而物流管理水平的高低直接影响企业的经营绩效。物流管理需要协调物流所涉及的各个企业和部门利益,最终达到满足客户需求的目的。其管理效果通过总成本和物流表现来进行衡量。一般来说,服务水平的高低与成本之间存在“二律背反”关系,即要提高服务水平就会增加成本,物流管理进行的关键就是要在这两者之间寻求一种平衡,找出最合理、最经济的解决途径。

物流决策实际上就是帮助决策者们更好地开展物流管理。物流决策就是指针对物流活动相关的决策问题,在充分调查研究的基础上,根据物流所处的实际环境,借助科学的理论和方法,分析目前所处的状态,提出预选方案,并在预选方案中选取合理满意者的过程。如:物流中心选址决策、物流运输决策、物流库存决策、物流经济决策等。

1. 物流中心选址决策

选址决策属于管理学中所说的战略决策或是长期决策。在物流的整个过程中,确定了物流节点后,整个网络也就随着各个节点的建立而搭建起来,其余物流功能则基于整个平台来实现。选址决策确定后,其投资金额大、建设时间长等特点,使得物流选址在很长一段时间内很难改变。因而,其属于战略性决策的范围,决策者在做决策时更应思虑周全。

2. 物流运输决策

物流有别于其他的管理的最突出一点，就是物流过程本身是对物品实体的流动进行管理，它可以通过物品的空间位置的移动来实现和增加物品的价值，而这一切都离不开运输。因此，有效的运输管理不仅能更好地保证物品的交付使用，更在于可以通过合理地决策规划以较低的运输成本为顾客提供优质的服务。运输决策是运输管理的前期工作，它不仅包括运输方式、运输工具、运输线路、运输时间的选择，还包括对承运方、运输人员进行选择，对客户资源进行管理等。快速、有效、合理、经济的运输决策是物流管理的关键。

3. 物流库存决策

库存管理是物流管理中最重要的功能之一。为更好地满足客户需求，改善服务质量，提高服务水平，防止因库存短缺而出现经济损失，企业通常会保有适量的库存。在生产经营中库存成本是物流成本中比重较大的一部分，库存对企业来讲本身又是一种风险较高的投资。如何有效地控制库存费用，加强库存的快速周转，对降低整个物流系统的成本费用有着重要的影响和作用，因而库存决策是物流决策关注的重点。

4. 物流经济决策

物流经济学是研究物流系统内，与物流活动有关的经济关系，是综合运用宏观经济学、微观经济学、产业经济学、工程经济学、物流学、运筹学等相关学科理论，研究物流资源优化配置、物流市场的供给与需求、宏观物流产业的发展、物流产业组织形态的演变规律、物流产业增长等问题的一门应用科学。

物流经济学是物流学与经济学的交叉学科，其本质是经济学，是以物流为研究对象的经济学，它是主要研究物流活动中如何遵循经济规律，依据经济目标而对物流行为进行优化的学科。物流经济学具有一般经济学的特点，即配置有限的经济资源以取得最佳的经济效果。对于物流经济学而言，研究的是实施物流活动所必需的物流资源，包括人、财、物的合理配置，从而取得最佳的物流经济效果。

物流经济决策就是在物流经济学的基础上，通过对信息资料、客观数据的分析、判断，给物流经营决策者提供有利的决策依据。它包括对物流业务自营与外包的决策，物流项目投资建设优选方案的决策，物流服务产品生产与否的决策，物流规模效益的决策等。在适用范围来看，既可以给决策提供战略决策方案的选择依据，也可以在具体事项方面进行战术决策的指导，无论问题复杂还是简单，都能找到相应的解决依据。同时，在物流经济决策中，很多时候可以将决策进行货币量化，所以对企业资金管理也大有益处。

7.2 物流筹资、投资决策技术

中国物流行业的发展相对于国际物流业来说起步较晚，各方面发展也较为滞后。近年来，国家政策的大力支持，企业间竞争的日益加剧，对于物流业来说无疑是一个大发展的好机会。

虽然我国物流企业的数量庞大，但实力上来说并不如西方国家。随着客户需求的不断变化，物流企业之间也呈现出日趋激烈的竞争态势。物流企业一方面要应付越来越挑剔的客户，另一方面随着企业规模的不断扩张，过快的发展导致物流企业普遍存在账务管理体系不健全、财务管理方式与企业规模不匹配，以及缺乏有效的财务监管机制、企业发展中出现资金筹集困难、投资收益与期望值差距大等诸多财务问题，在企业进行资金营运决策过程中难以提出有效的支撑依据，也难为企业决策者提供有效的参考。

因此，在新形势下物流企业面临筹资、投资、经营、流动性等因素更加复杂，会使企业面临更大的财务风险，合理地掌握财务管理决策手段，对企业的健康有利发展就显得更为重要。

7.2.1　单利和复利

资金在企业经营过程中是不断运动的，随着时间的推移资金价值也会发生变化，这是资金的运动价值，而每一次的资金周转运动都会形成新的资金增值，其增值的这部分资金就是原有资金的时间价值。

相关概念：

现值(P)：资金发生在某一特定时间序列起点的价值。

终值(F)：资金发生在某一特定时间序列终点的价值。

年金(A)：发生在某一特定时间序列各计算期末的等额资金序列。

利率(i)：计算利息的百分比，也称为折现率。

n：计算次数。

等值：指在特定利率条件下，在不同进占的两笔绝对值不相等的资金具有相同的价值。

利息就是资金时间价值的一种重要表现形式，通常我们用利息额的多少来衡量资金时间价值的大小，也是作为其衡量价值的绝对尺度，而利率则作为其衡量时间价值的相对尺度。

在企业经营中，往往跟借贷分不开，而利息就是债务人支付给债权人超过原借贷金额的部分。从本质上来说利息可以看成是贷款发生利润的一种再分配。它常常会被看成是一种机会成本。

利率是在单位时间内所得利息与原借贷金额之间的比率，通常用百分数来表示。用于表示计算利息的时间单位也称为计息周期。

1. 单　利

所谓单利是指在计算利息时仅用最初本金来计算，而不计入先前计息周期中所累积增加的利息，即通常所说的“利不生利”的计息方法。其计算式如下：

$$I_t = P \times i_{单}$$

式中：I_t——代表第 t 计息周期的利息额；

P——代表本金；

$i_{单}$——计息周期单利利率。

而 n 期末单利本利和 F 等于本金加上总利息，即：

$$F = P + I_n = P(1 + n \times i_{单})$$

式中：I_n 代表 n 个计息周期所付或所收的单利总利息，即：

$$I_n = P \times i_{单} \times n$$

在以单利计息的情况下总利息与本金、利率以及计息周期数成正比的关系。

【例 1】 有一笔 50 000 元的借款，借期 3 年，按每年 10%的单利率计息，求到期时应归还的本利和。

解 用单利法计算：

$$F = P(1 + n \times i) = 50\,000(1 + 3 \times 10\%) = 65\,000(元)$$

到期应归还本利和为 65 000 元。

【例 2】 假如以单利方式借入 100 万元，年利率 5%，三年末偿还，则各年利息和本利和见表 7－2 所列。

表 7－2 单利方式借款明细

（单位：万元）

使用期	年初本金	年末利息	本利和	年末偿还金额
1 年	100	100×5%＝5	105	0
2 年	105	5	110	0
3 年	110	5	115	115

由表 7－2 可以看出，无论使用周期有多长，年初本金是否累计为本利和，利息均只按最初本金数额进行计息，这种方式简单明了，方便计算。但在实际生活中企业的资金总是会有很多的机会成本出现，而货币资金本身也存在通货膨胀、购买力下降等特点。用单利计算的方式不能很好地反映出资金的时间价值。

2. 复　利

所谓复利是指在计算某一计算周期的利息时，其先前周期上所累积的利息要计算利息，即“利滚利”的计息方式，则各年在计算利息时，以上一年的本金及利息之和进行计息。

【延展阅读】

一个爱下象棋的国王棋艺高超，从未遇到过敌手。为了找到对手，他下了一份诏书，说不管是谁，只要下棋赢了国王，国王就会答应他任何一个要求。

一个年轻人来到皇宫，要求与国王下棋。经过一番紧张激战，年轻人赢了国王，国王问这个年轻人要什么奖赏，年轻人说他只要一点小奖赏，就是在他们下棋的棋盘的第一个格子中放上一粒麦子，第二个格子中放进前一个格子数量的一倍麦子，接下来每一个格子中放的麦子数量都是前一个格子中的一倍，一直将棋盘每一个格子都摆满。

国王没有仔细思考，以为年轻人提出的要求很低，于是就欣然同意了。但很快国王就发现，即使将自己国库所有的粮食都给他，也不够百分之一。因为从表面上看，年轻人的要求起点十分低，从一粒麦子开始，但是经过很多次的翻倍，就迅速变成了庞大的天文数字（1公斤麦子约4万粒，换算成吨的话，约等于4611亿吨，而我国2010年粮食年产量5.4亿吨，相当于我国高产量的853年的总产量）。

或许你会说，这个复利是100%的，很难有这么好的复利的。那下面请看看这个关于巴菲特的故事。巴菲特这样总结自己的成功秘诀："人生就像滚雪球，重要的是发现很厚的雪和很长的坡。"其实巴菲特是用滚雪球比喻通过复利的长期作用来实现巨大财富的积累。雪很厚，比喻年收益率很高，坡很长，比喻复利增值的时间很长。

从1965年巴菲特接管伯克希尔公司始直到2010年，过去46年巴菲特平均取得了20.2%的年复合收益率，同期标准普尔500指数年复合收益率为9.4%，巴菲特每年只不过比市场多赚了10.8%而已。但是46年期间巴菲特累计赚了90409%，而指数累计增长了6262%。

或许你又会说，也只有一个巴菲特能做到年复利20%。那么，你就从现在开始理财，比巴菲特活的时间更长，你也能积累到如他一样多的财富。

复利就是将前一期的本金与利息之和作为下一期的本金来计算下一期的利息。

第n期末本利和计算公式：

$$F = P(1+i)^n$$

【例3】 延上例，有一笔50000元的借款，借期3年，年利率10%，按复利计息，求到期时应归还的本利和。

解 用复利法计算：

$$F = P(1+i)^n = 50\,000 \times (1+10\%)^3 = 66\,550(\text{元})$$

与采用单利法计算的结果相比增加了1550元，这个差额所反映的就是利息的资金时间价值。

【例4】 若此例以复利方式借入100万元，年利率5%，三年未偿还，则各年利息与本利和见表7-3所列。

表7-3　复利方式借款明细

（单位：万元）

使用期	年初本金	年末利息	本利和	年末偿还金额
1年	100	100×5%=5	105	0
2年	105	105×5%=5.25	110.25	0
3年	110.25	110.25×5%=5.5125	115.7625	115.7625

即：$100\times(1+5\%)^3=115.7625$万元。

与前面相比，多了7625元，这个差额就是利息计算利息后产生的新的资金时间增值。

通过例3和例4可以看出，同一笔借款，在利率和计息周期均相同的情况下，用复利计算出的利息金额比用单利计算出的利息金额多。且本金越大、利率越高、计息周期越长时，两者差距就越大。

7.2.2　筹资方案的决策

在复利法计算中，一般是采用年利率。若利率为年利率，实际计算周期也是以年计，这种年利率称为实际利率；若利率为年利率，而实际计算周期小于 1 年，如每月、每季度或每半年计息 1 次，这种年利率就称为名义利率。

1. 名义年利率(r)

$$名义年利率 = 年内计息次数 \times 年内每一计息周期的利率$$

【例 5】 每月计息一次，月利率为 10‰，则名义年利率为

$$r = 12 \times 10‰ = 12\%$$

2. 实际年利率(i)

当年内计息次数为 m 时，年内每一计息周期的利率为 i_m，则实际年利率与年内计息次数和年内计息周期的利率之间的关系为

$$i = (1 + i_m)^m - 1$$

【例 6】 每月计息一次，月利率为 10‰，则实际年利率：

$$i = (1 + i_m)^m - 1 = (1 + 10‰)^{12} - 1 = 0.126 = 12.6\%$$

名义年利率和实际年利率的关系：

$$i = (1 + r/m)^m - 1$$

当每年计息一次时，$r=i$；当每年计息多次时，$i > r$；年内计息次数越多，i 与 r 的差距越大。

以上两种利率在表面上看来一样，但计息方式的不同导致企业将承担不同的利息支出，因此企业在筹资过程中应认真测算，寻求以最低资金成本来实现筹资的最佳方案。

【例 7】 某物流企业拟扩建配送中心，向银行借款 100 万元(第 1 年初)，计划 3 年后一次还清，甲银行年利率 17%，按年计息；乙银行年利率 16%，按周计息(一年 52 周)，问向哪家银行借款较为经济？

解 求实际利率，实际利率小的为经济方案：

甲：$i=17\%$

乙：$i=(1+r/m)^m-1=(1+0.16/52)^{52}-1=17.32\%$

向甲银行借款较为经济。

7.2.3 投资方案的决策

企业发展中经营投资是获取利润来源的主要方式，当企业面临多个投资方案时，如何能选择出有利于企业发展的最优方案，怎样才能以最少的资金投资获取更多的投资收益，是保证企业能长期经营的根本。

一次性支付类型

一次性支付类型的投资通常是一次投入，在未来的某个时间收益，随着时间的推移，企业所投入的资金带来的收益会因时间风险、通货膨胀等原因抵减掉其真实的价值，这就要求决策者在进行决策时应充分考虑其时间价值因素。

1）一次支付终值公式

$$F = P(1+i)^n$$

式中：F——期末的终值；

P——期初一次投入的现值；

i——利息率；

n——计息次数；

$(1+i)^n$——复利终值系数，计为$(F/P,i,n)$。

公式可写成：

$$F = P(F/P,i,n)$$

【例8】 通达物流公司拟参与一项政府物流建设工程项目，需要一次性垫付500万元建设款，投资回收期为2年，建设完工交付后，政府一次性支付600万元。问通达物流公司是否应该进行该项建设投资？（同期银行利率为11%）

解 已知：$P=500$ 万元，$i=11\%$，$n=2$，代入公式得

$$F = P(1+i)^n = 500\times(1+11\%)^2 = 616.05(\text{万元})$$

或

$$F = P(F/P,i,n) = 500(F/P,11\%,2) = 500\times 1.2321 = 616.05(\text{万元})$$

由上例可以看出，如不考虑时间价值，仅从数字层面上来看，经过两年建设投资通达公司可以盈利100万元（600－500＝100万元）。但考虑其资金的时间价值后，经过测算当初投入的500万元，在两年后的价值为616.05万元，进行该项投资不仅不能盈利，还会出现16.05万元（616.05－600）未来价值的亏损。

2）一次支付现值公式

$$P = F(1+i)^{-n}$$

式中：$(1+i)^{-n}$为复利现值系数。

公式可写成：

$$P = F(P/F,i,n)$$

【例9】 同上例，企业也可以过将未来收益折算成现在的价值来进行分析。

$$P = F(1+i)^n = 500\times(1+11\%)^2 = 486.96(\text{万元})$$

或

$$P = F(P/F,i,n) = 600(P/FP,11\%,2) = 600\times 0.8116 = 486.96(\text{万元})$$

通过计算可以发现，未来收益的600万元，折算成现在价值只有486.96万元，如果承接该项目则会出现13.04万元（500－486.96＝13.04万元）的当前价值亏损。

3）等额资金回收公式

期初一次投资数额为 P，欲在 n 年内将投资全部收回，则在利率为 i 的情况下，求每年应等额回收的资金，以此来判断企业进行的投资其真实的收益率。

年金现值

$$P = A(P/A,I,n)$$

年金终值

$$F = A(F/A,I,n)$$

式中：P——期初的年金终值；

F——期末的年金终值；

A——表示年金，即每期的固定收益；

（年金具有金额相等，时间间隔相等的特点）；

i——利息率；

n——计息次数。

通过以上系数可以通过直接查表的求得相关数值，同时也可根据已知的年金现值和年金终值来计算年金，则：

已知年金现值求年金：

$$A = P/(P/A, I, n)$$

已知年金终值求年金：

$$A = F/(F/A, I, n)$$

【例 10】 某物流企业准备投资100万元，购入新设备一台，该设备预计使用年限为8年，期末无残值，使新设备后每年可增加18万元的收益。已知同期银行年利率为8%，问该企业是否应购买新设备？

解 这是一个已知现值求年金的问题：

$$A = P/(P/A, I, n) = 100/(P/A, 8\%, 8) = 100/5.7471 = 17.4(\text{万元})$$

每年新增收益18万元>年金17.4万元，说明可以进行新设备的购买。

以上几个问题说明，在进行资本性支出时，有关投资的决策问题，要考虑到初始投资和经营期内支付的成本费用及其所带来的收益。由于投资持续时间较长，故必须考虑货币的时间价值。

7.3 物流经营决策技术

现代物流产业是我国经济持续发展的支柱产业，连续多年的国民经济增长率让生产跃上了新的台阶，社会商品基本全面饱和或超饱和，市场进入以销售为主要矛盾的阶段。库存问题、利润问题、企业发展问题都一一浮现，这使得物流成为我国国民经济持续健康发展的突破点。

7.3.1 本量利分析法概述

本量利分析是成本-产量（或销售量）-利润依存关系分析的简称，也称为CVP分析（Cost - Volume - Profit Analysis），是指在变动成本计算模式的基础上，以数学化的会计模型与图文来揭示固定成本、变动成本、销售量、单价、销售额、利润等变量之间的内在规律性的联系，为会计预测决策和规划提供必要的财务信息的一种定量分析方法。本量利分析它着重研究销售数量、价格、成本和利润之间的数量关系，它所提供的原理、方法在管理会计中有着广泛的用途，同时它又是企业进行决策、计划和控制的重要工具。

本量利分析法，也叫保本分析或盈亏平衡分析，是通过分析生产成本、销售利润和产量三者之间的关系，掌握盈亏变化的规律，指导出企业选择能够以最小成本生产最多产品并可使企业获得最大利润的经营方案。

盈亏平衡点是指使企业达到盈亏平衡状态的业务量，即在该业务量水平上，企业销售收入等于总成本，也就是说，此业务量时企业利润为零。盈亏平衡点通常有两种表现形式：一种是用实物量表现，称为盈亏平衡点销售量，即销售多少数量的产品才能够达到保本的状态；另一种是用货币金额表现，称为盈亏平衡点销售额，即销售多少金额的产品才能达到保本状态。确定盈亏平衡点主要有基本等式法、边际贡献法及本量利分析图等方法。

本量利分析法根据成本的特性进行分析。企业中成本通常分为固定成本和变动成本两大类。固定成本在一定量范围内，无论其业务量多少都相对稳定不变。变动成本则随业务量的变化呈正比方向同倍变化。销售收入以单价倍数随业务量的变化呈正比方向变化。当企业业务量越大时，利润越大，反之则越小。

在进行本量利分析时，应明确认识下列基本关系：

① 在销售总成本已定的情况下，盈亏临界点的高低取决于单位售价的高低。单位售价越高，盈亏临界点越低；单位售价越低，盈亏临界点越高。

② 在销售收入已定的情况下，盈亏临界点的高低取决于固定成本和单位变动成本的高低。固定成本越高，或单位变动成本越高，则盈亏临界点越高；反之，盈亏临界点越低。

③ 在盈亏临界点不变的前提下，销售量越大，企业实现的利润便越多(或亏损越少)；销售量越小，企业实现的利润便越少(或亏损越多)。

④ 在销售量不变的前提下，盈亏临界点越低，企业能实现的利润便越多(或亏损越少)；盈亏临界点越高，企业能实现的利润便越少(或亏损越多)。

本量利分析是以成本性态分析和变动成本法为基础的，其基本公式是变动成本法下计算利润的公式，该公式反映了价格、成本、业务量和利润各因素之间的相互关系，即

$$\begin{aligned}\text{利润} &= \text{销售收入} - \text{总成本}\\ \text{销售收入} &= \text{单价} \times \text{销售量}\\ \text{总成本} &= \text{变动成本总额} + \text{固定成本总额}\\ &= \text{单位变动成本} \times \text{销售量} + \text{固定成本总额}\end{aligned}$$

则

$$\text{利润} = \text{单价} \times \text{销售量} - \text{单位变动成本} \times \text{销售量} - \text{固定成本}$$

即

$$P = px - bx - a = (p - b)x - a$$

式中：P——税前利润；

p——销售单价；

b——单位变动成本；

a——固定成本；

x——销售量。

该公式是本量利分析的基本出发点，明确表达了本量利之间数量关系的基本方程式，它含有 5 个相互联系的变量。我们可以在给定其他四个变量时，求出另一个变量的值。

$$\text{销量} = \frac{\text{固定成本} + \text{利润}}{\text{单介} - \text{单位变动成本}}$$

当利润等于零时，此时的销售量则为盈亏平衡点销售量，其对应的金额则为盈亏平衡点销售额。

本量利分析图以横坐标表示销售量，纵坐标表示成本和销售收入的金额。从图 7－2 中可见，成本、销量、利润的关系反映在直角坐标系中，能清晰地显示企业不盈利也不亏损时应达到的产销量，因而又称为盈亏临界图。

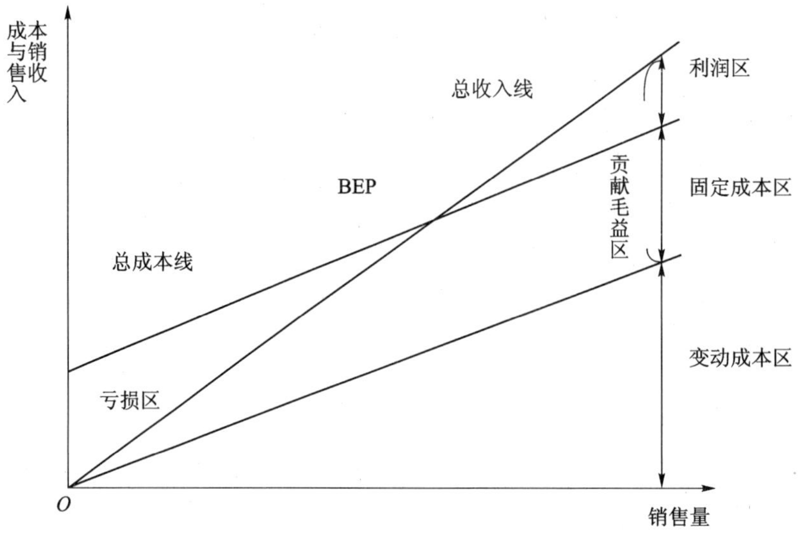

图 7－2　盈亏临界图

7.3.2　量本利分析法的决策

在物流企业经营过程中通常可以采用本量利分析法来对经营业务进行决策，如以下两种：

1. 盈亏平衡点决策

【例 11】　某物流企业收到为某企业完成设备运输任务的订单，估计每台设备的运输成本为 180 元/台。单位运输价格为 300 元/台，运送设备期间需要分摊固定成本 36 000 元。该批设备共计 250 台。试分析物流企业是否应该承接该项业务？

解得

$$\frac{36\,000}{300-180}=300(\text{台})$$

计算结果表明，只有当设备数量大于 300 台时，该物流企业才有利润，而该业务数量共计 250 台，低于盈亏临界点。因此，不能承接该业务。

2. 设备选择问题

【例 12】　中达物流转运站为提高其业务能力，准备购置新设备一台。目前有两个方案备选：① 购买半自动化设备，买价低，每年设备固定成本 60 万元，每件设备的变动成本为 14 元/件；② 购买全自动化设备，买价高，每年设备固定成本 120 万元，其每件设备的变动成本下降为 8 元/件。试对两个购买方案进行分析决策?

假设无论采用何种设备转运货物,其收入都相等,则只需要分析对比业务量与总成本的关系即可。

全自动设备的总成本为:

$$Y_1 = 8X + 1\,200\,000$$

半自动设备的总成本为

$$Y_2 = 14X + 600\,000$$

两个总成本之差为

$$Y_1 - Y_2 = -6X + 600\,000$$

$$X = 100\,000(\text{件})$$

结果表明,当业务量大于盈亏平衡点时,使用全自动设备所需成本较低;反之,当业务量小于盈亏平衡点时,使用半自动设备为宜。同样这种方法也适用于物流业务的自营和外包问题的决策。

在现实经济生活中,成本、销售数量、价格和利润之间的关系非常复杂。例如,成本与业务量之间可能呈线性关系也可能呈非线性关系;销售收入与销售量之间也不一定是线性关系,因为售价可能发生变动。为了建立本量利分析理论,必须对上述复杂的关系做一些基本假设,由此来严格限定本量利分析的范围,对于不符合这些基本假设的情况,可以进行本量利扩展分析。

7.3.3 企业物流绩效评价的概念及步骤

企业物流绩效评价是指为达到降低企业物流成本的目的,运用特定的企业物流绩效评价指标,比照统一的物流评价标准,采取相应的评价模型和评价计算方法,对企业物流系统的投入和产效(产出和效益)所做出的客观、公正和准确的评判。对物流企业绩效评价进行研究,可以进一步丰富绩效评价理论,同时,绩效评价则是绩效管理的前提和基础。

物流绩效评价是对整个物流结构中特定过程进行的定量衡量,设计最佳的物流系统及其组成部分关键取决于进行绩效衡量的标准是什么。一个系统在这个标准下衡量很好,在另外一个标准下衡量就不一定好。我们的目标是要设计一个系统使它在多数选择的评价标准中都能满足要求或超过期望要求。物流评价标准随系统定义范围(各种功能领域如:生产、分配、运输、保管和供货商的选择等)、不同领域的物流功能要求、定量评价及定义系统的能力的不同而不同。因此,设计评价标准的第一步是对需要评价的系统及其组分进行定义;第二步是确定性能要求和系统的预期目标;第三步是确定定量评价性能要求的准则。理解各评价准则之间的关系也是很重要的,因为某一个或多个准则都可能影响另一评价准则的性能,例如:铁路运输在按时送达货物方面的顾客服务,取决于火车按时到达或离开的时间、车站的服务时间等。

系统的评价能力对设计或改善物流系统是非常关键的。各行各业为了保持或增加自己的市场份额和利润,不断改进各方面的工作,建立一套合理的评价标准是所有组织成功的关键。成功的绩效评价标准通常非常清晰、简单、易理解,它能反映具体业务活动中重要的工作状况,既包括经济指标也包括非经济指标。

物流绩效评价应具有如下特点：

① 静态性和动态性相结合。物流绩效既可以是一个静态的评价结果，也可以是产生该结果的动态的活动过程。两者既可以单独地评价，也可以同时作为考核指标，这样充分体现了应用灵活的特点。

② 可组合性和可分解性。

③ 物流系统应该具有完整性、开放性等特点。

物流绩效评价研究的目的是为了通过绩效评价找到物流运作的薄弱环节，通过持续改进从而更好地实现物流目标。通过前面的分析，我们提出如下的物流绩效改进措施：

① 优秀的物流绩效基于测量评估—计划—改进循环的有效性。所以，要建立有效的物流绩效管理体系，要确保有效的监督和交流系统。

② 整合物流功能，包括内部整合与外部整合，实现物流绩效改进。实证研究发现，物流整合与物流绩效改进显著相关。内部物流整合成功的重要因素包括高层管理者支持、公司范围内的承诺/态度变革、组合内的交流与培训、切实的计划、好的信息获取、支持顾客服务的系统设计、易于使用与系统柔性、成本收益比率等；与外部的整合就是要实施供应链管理，建立实时、互动、共享的集成信息平台。

③ 加强顾客关系管理和知识管理。通过关系管理和知识管理，获取与共享信息和知识以及顾客的感知，寻找企业与顾客感知差距，从而缩小与顾客感知的差距以改进物流绩效。

④ 建立与供应商、三方物流提供商的战略伙伴关系，帮助他们改进物流绩效。

7.3.4 企业物流绩效评价的指标内容

企业进行物流绩效评价时可以从以下经济指标中获取相应的经济数据，并根据实际情况进行绩效考核。

1. 物流成本考核

随着企业外部竞争的日趋激烈，企业在内部管理上不断加强。物流随着对企业经营影响的不断加大，企业将其作为独立的利润中心，成立专门的物流部门对其进行考核。物流成本考核是为了更直接地将其与产品事业部或销售部门挂钩，考核产品事业部或销售部门所发生的物流成本。物流成本率就是公司物流绩效的最直接的衡量指标。

$$\text{物流成本率}=\frac{\text{年物流成本总额}}{\text{年销售额}}$$

该指标反映物流成本占总销售额的百分比情况，比例越低表示成本控制绩效越好，利润空间越大；反之，利润空间越小。但需要注意的是，这里的物流成本是指完成特定物流活动所发生的真实成本。由于没有标准的统计和成本划分，企业在统计物流成本时通常只是包括运输成本和配送中心的运营成本等一些显性的物流成本，而很多隐性的物流成本被划入生产成本和销售成本当中，这就会导致物流成本考核的失真。因而科学的物流成本应该是以物流活动为基础的，所有与完成物流功能有关的成本都应该包括在以活动为基础的成本分类中，并以此为依据来进行物流成本考核分析。

2. 库存周转率

$$库存周转率=\frac{年销售量}{平均库存水平}$$

库存周转率是反映库存商品周围情况的具体指标,库存周转率数值越高则反应产品销售情况越好,库存占压资金越少。反之,则销售情况滞后,容易造成资金积压。企业应时刻关注其商品的周转情况,做到"常清常点",对周转速度慢的商品要避免大量积压,并采取促销方法促进其周转变现。

3. 订货的满足率

$$订货的满足率=\frac{现有库存能够满足订单的次数}{顾客订货总次数}$$

即对于顾客订单中所要的货物,现有的库存能够履行订单的比率。各配送中心应定期盘点清理存货信息,及时进行补货,尽量提高订单满足率,避免因缺货而出现销售损失。

4. 订单与交货的一致性

订单与交货的一致性无论在生产性的企业还是服务性企业中都被认为是最重要的因素。主要的作业指标是无误交货率。

$$无误交货率=\frac{当月准确按照顾客订单发货次数}{当月内发货总次数}$$

在实际操作中,人们应该保证能够正确的按照客户的订单来交货。在调研中企业也了解到顾客最关心的也是这一点,所以没有按照顾客的订单发货给企业的服务形象造成的损害是最大的,因此在发货前必须根据顾客的订单反复审核所发货物是否符合顾客的要求。从这个角度上说,企业在配送中心设立订单管理员这个职位非常有必要,有专人从源头来跟踪和保证订单的传输和准确、降低订单的出错概率将极大地提高公司的服务水平。

5. 交货的及时率

$$交货的及时率=\frac{当月汽车准时送达车数}{当月汽车送货车数}$$

很多产品的交货时间可以达到短途次日交货。解决方案是通过设立区域配送中心,根据客户分布情况,进行有针对性的集运和分运方式相结合来完成订货的及时交货。例如京东网上商城,在其电子商务平台中有京东直送的商品,也有第三方物流企业配送的商品。而同一平台下的同种商品也会根据商户的所在位置不同而选择不同的仓库配送中心进行分拣发货。

6. 货物的破损率

$$货物破损率=\frac{当月破损商品价值}{当月发送商品总价值}$$

这个指标用来衡量在向顾客配送过程中货物的破损率,一般最高限额是5%,破损情况很多是在货物的装卸过程中发生的。在出货高峰期,由于没有足够的装卸力量而导致发货速度慢和出现较高的破损率，建议的解决方式是在销售旺季的出货高峰期，配送中心租用叉车来降低破损率、提高装卸速度。

7. 投诉次数

承运商帮助企业将货物送达给客户，所以承运商在和顾客进行货物交接的过程代表着企业的服务形象，在这一过程中提供尽可能多的服务将提高顾客对企业的忠诚度，但配送中心反映顾客投诉最多的还是承运商在和顾客交接的过程中服务没有到位。针对客户的投诉，人们的建议是企业应该细化和承运商的服务协议，在协议中明确提出帮助卸货、到货前通知顾客，以及代收退货等基本服务以及今后可能的代收货款。

8. 顾客服务水平

顾客服务水平主要是针对产品事业部或销售部门的考核指标。

作为一个利润中心，物流部门的绩效考核主要是在一定的物流费用率下对物流销售收益和客户服务水平的考核。

【任务小结】

物流决策技术是物流战略战术管理中常用的经济技术方法。它为决策者在进行物流管理决策时提供了依据。物流决策技术在应用中应根据不同情况采取不同类型，在进行决策分析时应清楚所面对的问题属于哪一类，适合采用什么样的方法来进行决策分析。理解资金时间价值在企业经营中所产生的影响，利用时间价值理论，得出客观的数据基础，以此进行正确的物流决策分析。对物流企业的绩效考核评价分析应落到实处，各项费用的归集、分配及核算以真实发生为基础，既要预防出现多记，也要注意漏记现象。在进行考核评价时应采用定性定量相结合的方式进行评价，以得出客观公正的评价依据。

参考文献

[1] 马天山. 运输经济(公路)专业知识与实务[M]. 中级. 北京:中国人事出版社,2009.

[2] 秦雷雷. 试析原型法的经济控制策略[J]. 科技与管理. 2005,7.

[3] 张永华,黄正杰. 原型法在多媒体课件开发中的应用研究[J]. 阜阳师范学院学报:自然科学版,2004,21.

[4] 谭中和,初佃辉. 医疗保险信息化管理[M]. 哈尔滨:哈尔滨工业大学出版社,2002.

[5] 张靖,杜梅先. 管理信息系统[M]. 上海:上海财经大学出版社,2001.

[6] 全国高等教育自学考试指导委员会. 管理系统中计算机应用[M]. 武汉:武汉大学出版社,2003.

[7] 李晓利. 计算机网络技术基础应用浅析[J]. 硅谷,2010,24.

[8] 王攀. 移动 GIS 及其新应用[J]. 测绘与空间地理信息,2006,10.

[9] 梅艺华,吴辉. 仓储管理实务[M]. 北京:北京理工大学出版社,2010.

[10] 左生龙,刘军. 现代仓储作业管理[M]. 北京:中国物资出版社,2006.

[11] 吴理门. 物流案例与分析[M]. 天津:天津大学出版社,2011.